C.H.BECK  WISSEN

in der Beck'schen Reihe

«Was nicht im Gedächtnis ist, ist nicht unser», hieß es schon in der Antike. Heute wissen wir, dass das Gedächtnis die Basis unserer Persönlichkeit ist. Gleichwohl ist es in mehrere, voneinander weitgehend unabhängige Systeme unterteilt, die auch auf Hirnebene getrennten Netzwerken angehören. Der international renommierte Gedächtnisforscher Hans Markowitsch stellt Funktionen und Entwicklung des Gedächtnisses von elementaren Formen bis hin zum autobiographischen und kollektiven Gedächtnis dar. Anhand von Fallbeispielen erläutert er die Dynamik, aber auch die Fragilität gerade der höher entwickelten Gedächtnisformen.

Hans J. Markowitsch ist Professor für Physiologische Psychologie an der Universität Bielefeld und Direktor am Zentrum für interdisziplinäre Forschung der Universität Bielefeld. Er hat zahlreiche Bücher zu den Themen Gedächtnis und Gedächtnisstörungen sowie Wechselwirkungen zwischen Gedächtnis und Emotion veröffentlicht.

Hans J. Markowitsch

DAS GEDÄCHTNIS

Entwicklung, Funktionen, Störungen

Verlag C. H. Beck

Mit 25 Abbildungen und 7 Tabellen

Originalausgabe

© Verlag C. H. Beck oHG, München 2009
Satz: Fotosatz Reinhard Amann, Aichstetten
Druck und Bindung: Druckerei C. H. Beck, Nördlingen
Umschlagentwurf: Uwe Göbel, München
Printed in Germany
ISBN 978 3 406 56260 0

www.beck.de

Inhalt

1. Gedächtnis – die Basis unserer Persönlichkeit   **7**
1.1 Dynamik des Gedächtnisses   8

2. Entstehung, Entwicklung und Bedeutung von Gedächtnis bei Mensch und Tier   **19**
2.1 Warum und wofür hat sich in der Evolution Gedächtnis als zentrale Gehirneigenschaft herausgebildet?   19
2.2 Gedächtnis als Vorteil für die menschliche Tradierung   21
2.3 Sprachentwicklung und Gedächtnisentwicklung   22
2.4 Psychologisches Verstehen/Theory of Mind   23

3. Gedächtnis und Zeit – Einspeicherung, Ablagerung, Abruf, Individual- und kollektives Gedächtnis   **33**
3.1 Kollektives, kulturelles, kommunikatives Gedächtnis   33
3.2 Gedächtnis, Zeit und Rhythmik   35
3.3 Zeit und Gedächtnis   40
3.4 Gedächtnis, Rhythmik und Periodik   43
3.5 Einspeichern   49
3.6 Gedächtniskonsolidierung   51
3.7 Gedächtnisablagerung: Netzwerk, Hologramm oder Mosaik?   56
3.8 Abrufen   61
3.9 Psychisch bedingte Abrufblockaden – dissoziative Amnesien   64
3.10 Individual- und Kollektivgedächtnis   66

4. Gedächtnisprozesse und Gedächtnissysteme   **69**
4.1 Gedächtnisprozesse   69
4.2 Gedächtnissysteme   72

5. Die Messung von Gedächtnis   **80**

6. Gedächtnis, Gedächtnisstörungen und Gehirn   **83**
6.1 Gedächtniseinspeicherung und Gehirn   86
6.2 Gedächtnisablagerung und Gehirn   90
6.3 Gedächtnisabruf und Gehirn   91

7. Gedächtnisstörungen aufgrund psychischer und psychosomatischer Probleme   **93**
7.1 Transiente globale Amnesien   93
7.2 Psychogene Amnesien   94

8. Gedächtnistraining   **100**
8.1 Voraussetzungen für ein gutes Gedächtnis   101
8.2 Grundlagen für Gedächtnistraining   103
8.3 Spezielle Trainingshilfen und -methoden   104
8.4 Allgemeine Regeln und Richtlinien   105
8.5 Gedächtnistraining bei Patienten   107
8.6 Schlussfolgerungen   108

9. Gedächtnis über die Lebensspanne   **109**

Literatur   113
Sachregister   125

I. Gedächtnis – die Basis unserer Persönlichkeit

«Das Gedächtnis verbindet die zahllosen Einzelphänomene zu einem Ganzen, und wie unser Leib in unzählige Atome zerstieben müsste, wenn nicht die Attraktion der Materie ihn zusammenhielte, so zerfiele ohne die bindende Macht des Gedächtnisses unser Bewusstsein in so viele Splitter, als es Augenblicke zählt.» Der Physiologe Ewald Hering formulierte diesen Satz 1870 – bis heute hat er nichts von seiner Gültigkeit verloren, im Gegenteil, er kennzeichnet treffend, dass unser Gedächtnis unsere Persönlichkeit und unsere Bewusstseinsfähigkeit ausmacht. Gedächtnis wurde in der damaligen Zeit als ein universeller Speicher unseres Wissens und unserer Erinnerungen angesehen. Diese sehr globale Sichtweise war auch 100 Jahre nach Herings Ausspruch noch weit verbreitet. So formulierte Rainer Sinz (1979) die folgende Definition von Gedächtnis:

> Unter Gedächtnis verstehen wir die lernabhängige Speicherung ontogenetisch erworbener Information, die sich phylogenetischen neuronalen Strukturen selektiv artgemäß einfügt und zu beliebigen Zeitpunkten abgerufen, d. h. für ein situationsangepasstes Verhalten verfügbar gemacht werden kann. Allgemein formuliert, handelt es sich um konditionierte Veränderungen der Übertragungseigenschaften im neuronalen «Netzwerk», wobei unter bestimmten Bedingungen den Systemmodifikationen (Engrammen) entsprechende neuromotorische Signale und Verhaltensweisen vollständig oder teilweise reproduziert werden können.

In dieser Definition findet sich praktisch alles, was in eine ordentliche Definition über Gedächtnis gehört: Die Information muss gelernt sein, sie wird über die Lebensspanne («ontogenetisch») erworben, sie passt sich dem Gehirn – «den neuronalen Strukturen» – an bzw. fügt sich in diese ein. Dadurch verändert sich das neuronale Netz – es kommt zu «Systemmodifikati-

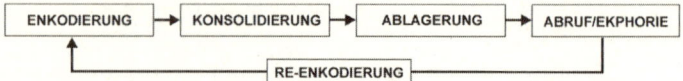

Abb. I: Der zeitliche Ablauf der Informationsverarbeitung. Unter Ekphorie versteht man den Prozess, durch den Abrufreize mit gespeicherter Information so in Wechselwirkung treten, dass ein Bild oder eine Repräsentanz der fraglichen Information auftaucht. Abrufreize können dabei durch andere Gedankenassoziationen entstehen oder die Form von Umweltreizen haben. Der (neue) Kontext beeinflusst die Wiedererinnerung aktuell sowie deren erneute Abspeicherung und somit vertiefte Ablagerung; dies kann aber bedeuten, dass es zu einer nicht immer wahrheitsgetreuen Erinnerungsrekonstruktion kommt. Beispiel: Ist man in trauriger Stimmung bei der ersten Einspeicherung, in freudiger beim nächstfolgenden Abruf, so wird die Erinnerung unter freudiger Stimmung insgesamt anders sein als die ursprüngliche Repräsentanz (vgl. das auf Seite 15 erwähnte Beispiel eines mehrfach übersetzten lyrischen Gedichts).

onen», den Engrammen (was die alten Griechen mit dem Vergleich des Gehirns mit einer Wachstafel meinten, in die die neue Information dauerhaft eingeritzt wird). Und schließlich lässt sich neu Erworbenes wieder reproduzieren, wenngleich nicht unbedingt exakt so, wie es einmal eingespeichert wurde.

Obwohl diese Definition detailliert ist, besagt sie nichts über eine mögliche Unterteilbarkeit von Gedächtnis in Subsysteme, auf die ich in Kapitel 4 eingehen werde. Abgesehen von den Ausdrücken «einspeichern» und «abrufen» bleibt auch die zeitliche Dynamik der Informationsverarbeitung weitgehend außer Betracht. Information wird zuerst wahrgenommen, dann eingespeichert, weiter gefestigt, als «Engramm» (Govindarajan et al., 2006) abgelegt und dann gegebenenfalls abgerufen (Abb. 1). Was die Definition nur sehr indirekt mit «vollständig oder teilweise» umschreibt, macht die Dynamik des Gedächtnisses aus.

1.1 Dynamik des Gedächtnisses

Über das Gedächtnis machen sich viele Menschen Gedanken, besonders dann, wenn die Fähigkeit, sich zu erinnern, nachlässt (Tab. 1). Als wie bedeutend Gedächtnis bewertet wird, zeigt sich schon in den alten Wikingersagen, in denen Odin, der Götter-

Tab. 1: Zitate zum Thema «Gedächtnis und Erinnerung»

Erinnerung

Die Erinnerung ist das einzige Paradies,
aus welchem wir nicht vertrieben werden können. *(Jean Paul)*

Die Erinnerungen verschönen das Leben,
aber das Vergessen allein macht es erträglich. *(Honoré de Balzac)*

Gedächtnis

Der Lügner muss ein gutes Gedächtnis haben. *(M. Fabius Quintillianus)*

Das Gedächtnis stirbt zuerst. *(Aucelot)*

Das Gedächtnis will geübt sein. *(Leroux)*

Was nicht im Gedächtnis ist, das ist nicht unser. *(Egeria)*

Das habe ich getan, sagt das Gedächtnis.
Das kann ich nicht getan haben, sagt mein Stolz und bleibt unerbittlich.
Endlich – gibt mein Gedächtnis nach. *(Friedrich Nietzsche)*

Das Gedächtnis nimmt ab, wenn man es nicht übt. *(Cicero, Cato maior)*

Wer ein schlechtes Gedächtnis hat, wird nicht darum herum kommen,
seine Fehler zu wiederholen. *(Indisches Sprichwort)*

Ein Kopf ohne Gedächtniskraft ist eine Festung ohne Besatzung. *(Napoleon I.)*

Wenn eine unserer Gaben noch großartiger als die anderen genannt werden kann,
dann ist es, finde ich, das Gedächtnis. Es liegt etwas Verräterisches darin, dass die
Stärke, das Versagen, die Unzuverlässigkeit des Gedächtnisses so viel unbegreiflicher
ist als die all unserer anderen Geisteskräfte. Das Gedächtnis ist manchmal so ver-
lässlich, so nützlich, so gehorsam und manchmal so verwirrt und so schwach und
dann wieder so tyrannisch, so unkontrollierbar. *(Jane Austen)*

vater, von zwei Raben – Hugin und Munin, Gedanke und Gedächtnis – über das Geschehen in der Welt informiert wird, jeden Tag, wenn die beiden von ihrem morgendlichen Inspek-
tionsflug zurückgekehrt sind, zu dem sie von seinen Schultern
aus gestartet waren.

Früher verglich man Gedächtnis und Gehirn gerne mit den
Bits, die auf die Festplatte eines Computers gelangen oder über
dessen Arbeitsspeicher wieder abgerufen werden können. Dieser Vergleich ging von einer Statik oder Unveränderlichkeit des

Speicherns und Abrufens aus. Tatsächlich gilt der Vergleich – einmal abgesehen davon, dass wir vergessen oder Information unterdrücken – für gewisse Teile unserer Information, insbesondere für den Bereich, der sich als Faktenwissen charakterisieren lässt. Aber alles, was wir als persönliche, biographische Erinnerungen oder Erlebnisse verarbeiten, wird sowohl beim Einspeichern wie beim Abrufen durch unsere momentane Stimmung beeinflusst. Wer vor 15 Jahren in Singapur Urlaub machte und jetzt wieder durch die Stadt schlendert, wird sich unter Umständen plötzlich wieder daran erinnern, dass er, wenn er jetzt links um die Ecke biegt, auf einen reich mit Götterfiguren verzierten indischen Tempel stoßen wird. Der Urlauber hatte in der Zwischenzeit nie an den Tempel gedacht, aber dadurch, dass er nun wieder in Urlaubsstimmung ist, die Schwüle des Wetters und die exotischen Gerüche der Straße empfindet, reaktiviert sich die abgespeicherte Erinnerung an den bunten Tempel. Ähnlich geht es uns, wenn wir in trauriger oder freudiger Stimmung sind – je nach Laune werden neue Episoden «grau in grau» oder «rosarot» eingespeichert bzw. alte entsprechend eingefärbt abgerufen («Bei Nacht sind alle Katzen grau»).

Ein Beispiel für das Wiederkehren längst vergessen geglaubter Erinnerungen ist der folgende Brief einer alten Dame. Sie schrieb:

Sehr geehrte Herren Professoren!

Ich freute mich, dass im Gesundheitsmagazin endlich mal eine Sendung kam über das Gehirn, dessen merkwürdige Tätigkeit mir Rätsel aufgibt:

Es geht bei mir um Folgendes.
Ich hielt mich für sehr vergesslich, was zeitnahe Dinge betrifft. Nun wurde ich an Bismarcks Geburtstag 93 Jahre alt. Und erst im Laufe der letzten 2 Jahre fallen mir Gedichte ein, die ich vor 75 bis 80 Jahren in der Schule lernte, und zwar lückenlos, teils lange Gedichte, wie die «Bürgschaft» von Schiller oder «Des Sängers Fluch» von Uhland. Nie habe ich in der langen Zwischenzeit an all die Literatur aus dem Schulunterricht gedacht! Ich habe zwar ein sehr bewegtes, abwechslungsreiches Leben hinter mir, bei meinem hohen

Alter begreiflich: Schulabschlussprüfungen, Tanz, Theater, Reisen, Praktikantenjahre, Heirat, zwei Kinder, Umzüge, zwei Kriege und Hungersnöte, mein Mann vier Jahre im Krieg, gleichzeitig das zweite Kind geboren, furchtbare Fliegerangriffe mit Tochter und Baby, Wohnungsverlust, elf Jahre Notwohnung, dann Neubau mit großem Garten, Schulaushilfen noch mit 60 Jahren, Tod meines Mannes, hier eine Kleinwohnung, eine Operation, schmerzhafte Alterskrankheiten, Gehunfähigkeit, Rollstuhl, schöne Reisevorträge über Auslandsreise mit meinem Mann. Und nun ohne eine Veranlassung fallen mir erstmals wieder so viele Gedichte ein, nach 75 bis 80 Jahren. So lange kann ein Gehirn speichern, unbewusst? Meine Leute wundern sich auch, dass ich von frühester Kindheit an noch ganz deutlich Wohnungen und Umgebungen vor mir sehe, an zwei Orten, wo ich nur vor meinem sechsten Lebensjahr war.

Kennen Sie auch solche Ergebnisse? Von Ihren psychologischen Untersuchungen? Das würde mich interessieren.

Wieso erinnert sich die alte Dame nach 75 bis 80 Jahren an die Gedichte aus ihrer Jugendzeit? Zwei wesentliche Gründe lassen sich anführen: Zum einen ist bekannt, dass alte Menschen weit mehr als jüngere ihre Gedanken zu ihren Kindheits- und Jugendtagen zurückschweifen lassen (Ribot'sches Gesetz; s. u.). Dadurch werden offensichtlich Pfade auf Hirnebene aktiviert, die auch Material betreffen, das damals emotional besetzt und bedeutend war – im Fall der alten Dame die Gedichte. Zum anderen arbeitet unser Gehirn weit mehr mittels neuronaler Hemmung als mittels neuronaler Erregung. Sterben im hohen Alter Nervenzellen und dadurch auch die dazugehörigen Verbindungen ab, entfallen viele hemmende Schaltkreise, mit der Folge, dass nun Information in das Bewusstsein gelangen kann, die lange unterdrückt war. Auch dieses Phänomen ermöglicht die Aktivierung von Inhalten wie den Gedichten.

Ekphorie. Ein Biologe der vorletzten Jahrhundertwende – Richard Semon – brachte den Begriff «Ekphorie» in die Gedächtnisforschung ein, stieß damit zu seiner Zeit aber nur auf geringe Resonanz. Erst Endel Tulving, der wohl bedeutendste Gedächtnisforscher der Gegenwart, belebte den Ausdruck und die damit verbundenen Vorstellungen neu. Insbesondere sein 1983 erschienenes Werk *Elements of episodic memory* führte zu einem enormen Anstieg unseres Wissens über das komplexeste Gedächtnissystem des Menschen. Ein Kernsatz seines Werkes *Die Mneme als erhaltendes Prinzip im Wechsel des organischen Geschehens* lautet: «Die meisten Amnesien beruhen nicht auf Verlust von Engrammen, sondern auf der Unmöglichkeit, die noch vollkommen intakten Engramme zur Zeit zu ekphorieren.» Unter «Ekphorie» verstand er den Prozess, durch den Abrufreize mit gespeicherter Information so in Wechselwirkung treten, dass ein Bild oder eine Repräsentanz der fraglichen Information auftaucht. Abrufreize können dabei durch andere Gedankenassoziationen entstehen oder Umweltreize sein.

Das Phänomen Ekphorie ist wahrscheinlich auch die zentrale Ursache dafür, dass es zu infantiler (frühkindlicher) Amnesie kommt: Da der Zustand des Individuums zur Zeit der Einspeicherung in früher Kindheit sich von der des späteren Abrufs so radikal unterscheidet, ist es für den Erwachsenen nicht mehr möglich, sich an die frühkindlichen Lebensereignisse zu erinnern (abgesehen vielleicht von singulären, hoch emotional besetzten und stereotyp wahrgenommenen Episoden).

Ribot'sches Gesetz.   Warum nun erinnert sich die alte Dame mit einem Mal? Der Hauptgrund liegt sicher in der Zustandsabhängigkeit ihres Gedächtnisses. Sehr alte Menschen kreisen in ihrem Denken viel um die Vergangenheit und insbesondere um die lang zurückliegende Vergangenheit – Kindheit und Jugendzeit. Diese Art von Regression findet man noch verstärkt bei Personen mit beginnender Demenz, die ihre Erinnerungen an die letzten Lebensjahre schon nicht mehr präsent haben, aber immer noch sehr plastisch Episoden aus ihrer Jugend berichten können. Der französische Nervenarzt Théodule Ribot (1881) hat diese «Vergessenskurve» hinsichtlich der Erinnerungen über die Lebensspanne schon vor rund 130 Jahren in seinem Buch *Les maladies de la mémoire* («Das Gedächtnis und seine Störungen») postuliert; sie wird nach ihm als «Ribot'sches (Regressions-)Gesetz» bezeichnet. In seiner Formulierung lautet das

Axiom, dass die Information, die erst kürzlich gespeichert wurde, mit hoher Wahrscheinlichkeit wieder verloren gehen kann, während die, die schon sehr lange gespeichert war, außerordentlich «löschresistent» ist, also mit hoher Wahrscheinlichkeit abrufbar bleibt. Auf Englisch lässt sich dieser Zusammenhang prägnant als *last in, first out* kennzeichnen – was zuletzt in das Gedächtnis kommt, ist auch zuerst wieder daraus verschwunden.

Ein weiteres Beispiel für die Gültigkeit des Ribot'schen Gesetzes lieferte der berühmteste Neuropsychologe der Sowjetzeit, Alexander Lurija, 1971. Er beschrieb einen im Zweiten Weltkrieg verwundeten Unterleutnant, der eine Schussverletzung am linken seitlichen Hinterkopf erhalten hatte. Um das dem Laien widernatürlich erscheinende Phänomen – dass die Erinnerungen sozusagen von hinten aufgezäumt zurückkehren – zu verdeutlichen, wählte Lurija den Titel: *Meine Erinnerungen kehrten vom falschen Ende zurück*:

> Als er anfing, darüber nachzudenken, stellte er verwundert fest, dass sein Gedächtnis ungleichmäßig gestört war. Zunächst konnte er sich an nichts erinnern: wer und wo er war, den Namen seiner Heimatstadt. Aber allmählich kamen Erinnerungen an Vergangenes zurück, hauptsächlich an weit Zurückliegendes: an die Schulzeit, an Freunde, an Lehrer, an die Jahre im Institut. Die jüngste Vergangenheit kam ihm jedoch nicht in den Sinn. Seine Erinnerungen kamen, wie er es nannte, «vom falschen Ende» zurück.

Abbildung 2 zeigt die Kurve (fehlender) retrograder Erinnerung am Beispiel eines bekannten amerikanischen Universitätsprofessors. Kurz vor seiner Erkrankung am Korsakowsyndrom – einem meist durch langjährigen exzessiven Alkoholmissbrauch bedingten Hirnschaden mit massiver *anterograder* und teilweiser *retrograder Amnesie* als Konsequenz (Abb. 3) – hatte er eine Autobiographie geschrieben und konnte deshalb mit fortschreitender Amnesie detailliert befragt werden, an welche Ereignisse aus seinem Leben er sich noch erinnerte.

Welche Gründe lassen sich für die Gültigkeit des Ribot'schen Gesetzes anführen? Informationen, die «zu Herzen gehen» oder die affektgeladen sind, werden besonders gut eingespeichert, und in Kindheit und Jugend wird vieles als bedeutend angesehen. Mit zunehmendem Alter tritt dann der Wiederholungs-

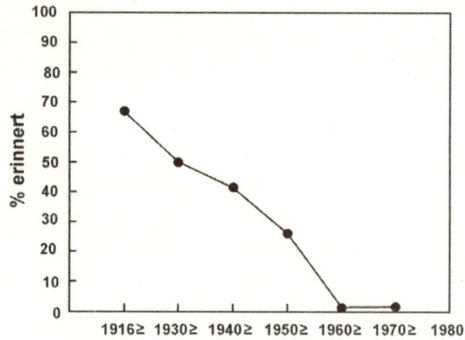

Abb. 2: Beispiel für eine retrograde Amnesiekurve. Der Patient erinnert sich an seine Kindheit und Jugend noch recht gut; je mehr die Information an die Gegenwart heranreicht, desto weniger ist sie abrufbar. Die Gründe hierfür liegen im Gehirnzustand bei erstmaliger Einspeicherung (gesund, frisch, unverbraucht, «leer an Inhalten» vs. abgestorbene Nervenzellen und infolgedessen «durchlöchertes» neuronales Netzwerk, Interferenz/Überlagerung durch ähnliche Gedächtnisinhalte), in der Art der Erinnerungen (erstmalig vs. mehrfach gleichartig erlebt) und im wiederholten Abruf und der damit verbundenen häufigen Re-Enkodierung bei alter gegenüber erst jüngst aufgenommener Information. Die Abbildung basiert auf Fig. 10 in Butters (1984).

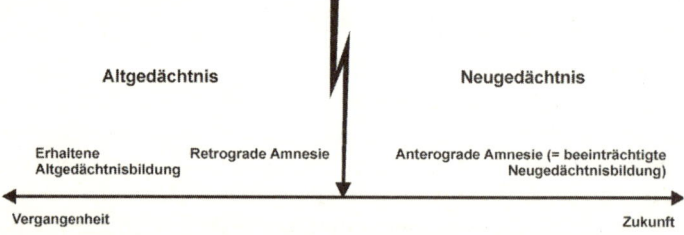

Abb. 3: Schematische Darstellung möglicher Gedächtnisveränderungen nach einem signifikanten Ereignis (Blitzsymbol; Hirnschädigung oder bedeutendes Stress- oder psychotraumatisches Ereignis). Anterograde Amnesie bedeutet die Unfähigkeit, neue Information langfristig zu speichern, retrograde Amnesie das Unvermögen, bereits gespeicherte Informationen wieder bewusst hervorzuholen (abzurufen) (Markowitsch, 2008a).

effekt ein – wer das vierte Mal heiratet, hat nicht mehr das gleiche Lampenfieber wie beim ersten Mal. Drittens kommt in Kindheit und Jugend Information in ein «frisches Gehirn» und kann auf diese Weise optimal vernetzt werden. Und viertens wird früh gut eingespeicherte Information in der Regel vergleichsweise häufig wieder abgerufen, jeder erneute Abruf aber führt zur Wiedereinspeicherung *(Re-Enkodierung)* und zu einer weiteren Festigung (Rekonsolidierung; Tronson & Taylor, 2007) und Verknüpfung mit ähnlicher Information.

Re-Enkodierung und Fehlerinnern (False Memory Syndrom). Das Re-Enkodierungsphänomen ist demnach ein weiteres Kennzeichen für die Dynamik unseres Gedächtnisses. Re-Enkodierung bedeutet zwar einerseits Festigung, andererseits aber auch Verfälschung von Information. Was wiederholt eingespeichert wird, wird immer entsprechend dem gegenwärtigen Zustand des Individuums – Freude, Trauer etc. – eingespeichert. Infolgedessen ist es wahrscheinlich, dass der Zustand bei Neueinspeicherung nicht mehr dem der Originaleinspeicherung entspricht. Es kommt zu Verfälschungen, vergleichbar der Übersetzung eines Gedichtes von Annette von Droste-Hülshoff oder von Joseph von Eichendorff aus dem Deutschen ins Französische, dann ins Japanische und schließlich zurück ins Deutsche – der Inhalt dürfte dramatische Veränderungen durchmachen. Trotzdem ist diese Art von Gedächtnisverfälschung quantitativer bzw. gradueller Natur – der Grundinhalt bleibt in der Regel weiter bestehen.

Insbesondere im juristischen Kontext spielen Fehlerinnerungen eine bedeutende Rolle, da Zeugen sich häufig widersprechen, aber jeweils der Überzeugung sind, dass gerade sie die fragliche Szene exakt wahrgenommen haben. Wir haben derartige Situationen experimentell mittels Kurzfilmen überprüft und fanden, dass Studierende einerseits außerordentlich viele Fehlerinnerungen zeigten – nämlich knapp 45 Prozent der als Standbilder zur Beurteilung gezeigten Szenen («Im Film so vorgekommen oder nicht?») –, andererseits konnte belegt werden, dass aber auf Hirnebene mittels funktioneller Kernspintomographie eine deutliche Differenzierung zwischen tatsächlich wahrgenommenen und fälschlich als wahrgenommen erinnerten Szenen auftrat (Kühnel et al., 2008). Hierbei durften die Studenten allerdings nur mit «gesehen» oder «nicht gesehen» und nicht mit «vielleicht» oder «kann sein» antworten.

Anders sieht es aus, wenn Episoden komplett erfunden werden. Ein Kind meint sich zu erinnern, wie es im Heißluftballon über der Erde schwebte, weil man ihm ein Foto vorlegt, das es zusammen mit seinem Vater im Korb eines Heißluftballons zeigt. Dass das Foto in Wirklichkeit eine Montage aus zwei Bildern ist, die ineinanderkopiert wurden, kann das Kind nicht ahnen. Für das Kind handelt es sich um ein Dokument unumstößlicher Richtigkeit und ein Abbild der realen Wirklichkeit. Wissenschaftler (Wade et al., 2002) haben auf diese Weise Fehlerinnerungen provoziert.

Es gibt aber auch einen Zustand zwischen realer und Fehlerinnerung: Man erinnert sich an das Grundereignis, aber nicht unbedingt daran, was man zum Zeitpunkt des Ereignisses gemacht oder erlebt hat. Berühmtes Beispiel hierfür ist der 11. September 2001, dessen Erinnerung mit der Zunahme an Jahren wachsenden Veränderungen unterworfen ist (Neisser & Libby, 2000; Einzmann, 2007).

Allgemein gesehen, entstehen Fehlerinnerungen am ehesten, wenn die Person in ihrer Persönlichkeit noch wenig gefestigt oder aufgrund psychischer oder physischer Stresszustände erschöpft bzw. labil ist. Derartige Zustände führen am ehesten zu einer Fehlinterpretation der Umwelt oder zu einer Schöpfung vorgestellter Inhalte, die dann langfristig internalisiert und für wahr genommen werden. Dass davon gerade die eher schwachen Mitglieder unserer Gesellschaft betroffen sind, zeigt nicht nur das obige Kinderbeispiel, sondern auch eine Studie aus der Konsumforschung. Skurnik und Mitarbeiter veröffentlichten 2005 im *Journal of Consumer Research* eine Arbeit, in der sie zeigten, dass Warnungen vor falschen Versprechungen zu Empfehlungen werden können. Wurden älteren Menschen Hinweise und Begründungen zu Produkten gegeben, dann wurden diese zwar kurzfristig behalten, längerfristig – konkret schon nach drei Tagen – verkehrten sie sich aber in ihr Gegenteil. Sagte man älteren Menschen etwa, sie sollten von sechs genannten Margarineprodukten am ehesten die Marke Gamma kaufen, weil sie die meisten protektiven Eigenschaften besitze, aber nicht die Marke Delta, und ging dann noch etwas ausführlicher auf die Frage ein, warum nicht Delta, dann wussten die Probanden nach wenigen Tagen unter Umständen nur noch, dass der Schwerpunkt auf der Marke Delta lag, aber nicht mehr, dass die Bewertung negativ war.

Konstruktion der Erinnerung. Die Erinnerung an biographische Erlebnisse stellt also eine Konstruktion des Gehirns dar, die entsprechend den Determinanten erfolgt, die im bisherigen Leben auf es eingewirkt haben. Wir konstruieren uns unsere Welt entsprechend den Möglichkeiten, die uns durch unsere Sinnesorgane und allgemein durch unser Gehirn gegeben sind. Auf der Basis aufgenommener Informationen bilden wir auch unser Bewusstsein (vgl. das Zitat von Hering zu Anfang), unsere Werthaltungen und damit unsere Persönlichkeit. Ist diese erst einmal gefestigt, dann ist sie nur noch schwer zu beeinflussen, weil wir dann neue Information im Lichte der schon bekannten, gespeicherten und in Abhängigkeit von unseren Ansichten und Vorstellungen interpretieren. Im Extremfall heißt das: Ist für jemanden eine Banane blau, dann ist sie für ihn blau, weil er, sprich sein Gehirn, entweder gelb als blau sieht oder Bananen als blaues Obst anzusehen gelernt hat. Glaubensansichten sind wie Vorurteile, sie sind tief in unser Gedächtnis eingegraben und werden durch minimale, sporadische Bestätigungen verstärkt, hingegen durch Gegenargumente oder Gegenbeispiele nur wenig geschwächt. Der Grund dafür ist unter anderem, dass es für uns vorteilhaft ist, stabile Ansichten unserer Umwelt zu haben; denn sie helfen uns, neuartige Situationen schnell zu kategorisieren, zu interpretieren und zu inkorporieren, was uns in die Lage versetzt, unser Selbstkonzept aufrechtzuerhalten, d. h., ein integriertes Selbst zu bewahren.

Formen des Erinnerns.   Bei der Konstruktion und Aufrechter-
haltung des Selbst hilft uns, dass Erinnern dann am leichtesten
fällt, wenn es um bloßes *Wiedererkennen* geht. Werden uns
sechs Gesichtsporträts und sechs Vor- und Zunamen vorgelegt,
etwa die von Brigitte Zypries, Ulla Schmidt, Ursula von der Ley-
en, Sabine Leutheusser-Schnarrenberger, Annette Schavan und
Heidemarie Wieczorek-Zeul, so haben wir in der Regel keine
Schwierigkeiten, Namen und Gesichter einander korrekt zuzu-
ordnen. Schwieriger wird es schon, wenn man lediglich den
Vor- oder den Nachnamen vorgibt und nach dem jeweils anderen Namensteil fragt *(Abruf mit Hinweisreizen)*, und am
schwersten ist der *freie Abruf*, bei dem gar nichts vorgegeben
wird und man alle Information selbst generieren muss.*

---

*In dem Buch «Falsche Erinnerungen» (Kühnel & Markowitsch, 2008) haben wir alle
diesbezüglichen Phänomene zusammengefasst und erläutert.

2. Entstehung, Entwicklung und Bedeutung von Gedächtnis bei Mensch und Tier

2.1 Warum und wofür hat sich in der Evolution Gedächtnis als zentrale Gehirneigenschaft herausgebildet?

Entsprechend der Darwin'schen Vorstellung, dass sich in der Evolution vor allem solche Merkmale herausbildeten, die für das Individuum einen Überlebensvorteil bieten, kann man fragen, worin der Überlebensvorteil von Gedächtnis liegt. Frage wie Antwort erscheinen trivial bzw. offensichtlich: Sich etwas merken oder sich an etwas erinnern zu können bedeutet, dass man das Rad möglicherweise nicht doppelt erfinden muss. Betrachtet man das Tierreich und hier insbesondere die höheren Wirbeltiere, die teilweise über ganz erstaunliche Merkfähigkeiten verfügen, so lässt sich daraus schließen, dass das Gedächtnis als Geruchsgedächtnis entstand. Die meisten Wirbeltiere verfügen über ein Geruchsvermögen, das dem menschlichen weit überlegen ist. So besteht die Hirnrinde eines Igels beispielsweise hauptsächlich aus Geruchscortex (Abb. 4). Beobachtet man tierisches Verhalten – etwa wie Haushunde miteinander umgehen –, so muss man konstatieren, dass sie primär über den Geruch miteinander kommunizieren. Durch Riechen wird erkannt, ob es sich um ein Männchen oder Weibchen handelt, ob Paarungsbereitschaft besteht oder nicht oder ob der andere feindselig gesinnt ist. Durch Urinmarkierung werden bei Hund, Löwe und Nashorn Reviere abgesteckt, in die jüngere und schwächere männliche Artgenossen besser nicht eindringen sollten. Auch unsere Sprache spricht davon, «jemanden nicht riechen zu können». Neben unserer Nase als Standardriechorgan verfügen wir dafür, wie auch viele Tiere, noch über ein spezielles, das «vomeronasale Organ». Es wird insbesondere bei auf Sympathie oder Antipathie ausgelegtem Aufeinander-

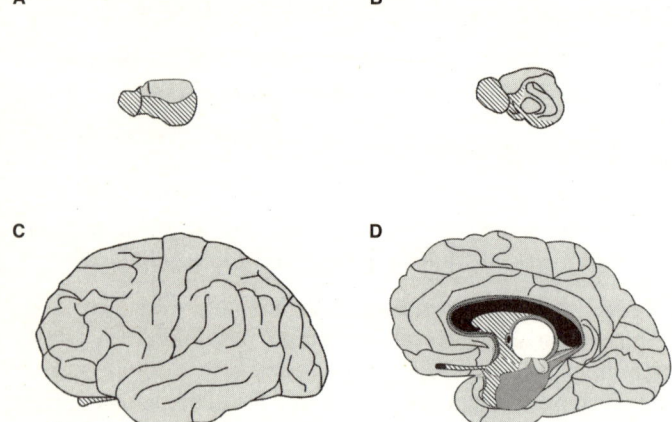

Abb. 4: Darstellung der mit Riechen (und im weiteren Sinne mit dem limbischen System) assoziierten Cortexareale beim Igel (A, B) und beim Menschen (C, D) (schraffiert). A und C zeigen die Seitenansicht (Lateralansicht) des Großhirns, B und D die Medialansicht.

treffen von Menschen unterschiedlichen Geschlechts aktiv und verarbeitet unbewusst Signale *(Pheromone – Sexuallockstoffe)*. Das Geruchsgedächtnis sichert das Überleben der Art, es bringt Paare zusammen und verhindert ein frühzeitiges Sterben durch Attacken nach «illegalem» Revierübertritt.

Analog sichert das Geruchsgedächtnis das Überleben des Individuums: Für Tiere – aber natürlich auch für den Menschen – ist es von Überlebensvorteil, sich den Geruch von giftiger ebenso wie den von wohlschmeckender, gesunder Nahrung langfristig merken zu können und dadurch Gesundheitsschäden, die durch falsche Ernährung das Leben verkürzen, zu vermeiden. Die Hirnregionen, die in der Evolution ursprünglich mit Geruch zu tun hatten, haben sich bei höheren Tieren in ihrer Funktion dahingehend ausgeweitet, dass sie nun auch Emotionen und Erinnerungen allgemein verarbeiteten – auf diesen interessanten Zusammenhang werde ich später noch eingehen.

2.2 Gedächtnis als Vorteil für die menschliche Tradierung

Gerade Tiere, die eine lange Lebensspanne haben, können eine Vielfalt von Fakten speichern, gespeichertes Wissen mit neuem assoziieren und vergleichen und vor allem auch an ihre Nachkommen weitergeben. Dies zeigt sich am Beispiel des «Elefantengedächtnisses» ebenso wie am Zusammenleben von Orang-Utans (indonesisch für «Waldmenschen»), deren Mütter den Kindern während ihrer ersten acht Lebensjahre Wissen darüber vermitteln, welche Kräuter Durchfall lindern. Japanische Rhesusaffen tradieren die «Kunst», Kartoffeln zu waschen; Rabenvögel und Papageien imitieren den flexiblen Werkzeuggebrauch ihrer älteren Artgenossen.

Was bei Tieren in Ansätzen vorhanden ist (Premack, 2007), findet sich bei Menschen in Vollendung; zahllos sind die Beispiele für Wissenstradierung, und dies nicht erst, seit Gutenberg die Druckkunst erfand. Schon das Erzählen von Märchen und Sagen – auf der Basis eines Sprachvermögens, wie es in dieser Raffinesse nur dem Menschen zur Verfügung steht – ermöglichte ein Weitergeben von Wissen über viele Generationen. Völker ohne Schrift wie die australischen Aborigines demonstrieren mit ihren *song lines*, dass auch mündliche Überlieferungen über Jahrhunderte erhalten bleiben können.

Dadurch, dass nicht jede Generation das Rad neu erfinden muss, vermehrt sich das Wissen über Generationen exponentiell. Außerdem bieten Schulbildung, Lehr- und Studientätigkeiten und die Möglichkeiten des lebenslangen Lernens über den Zugriff auf Speichermedien wie etwa das Buch eine Verteilung der Informationsspeicherung auf das Gehirn und auf externe Speicher, auf die gleichwohl mit hoher Zuverlässigkeit zugegriffen werden kann. Wichtig ist also nicht nur, dass unser Gehirn als Informationsspeicher dienen kann, sondern dass es auch in der Lage ist, extern gespeicherte Information integrativ zu nutzen. Wir haben damit mehrere Formen von Gedächtnis, auf die wir zurückgreifen können: die Erinnerung an unsere persönliche Vergangenheit *(episodisch-autobiographisches Gedächtnis)*, die Kenntnis über erworbene Fakten *(Wissensge-*

dächtnis), die Kenntnis darüber, wo etwas in der Außenwelt (z. B. in Lexika oder im Computer oder bei anderen Personen) wieder auffindbar ist *(Quellengedächtnis)*, und die Möglichkeit, über unser Gedächtnis zu reflektieren *(Metagedächtnis)*. Wir werden auf diese und andere Formen unseres Gedächtnisses noch eingehen.

2.3 Sprachentwicklung und Gedächtnisentwicklung

Das entscheidende Werkzeug für die Tradierung von Information ist unsere Sprache. Sobald Kinder jenseits ihres ersten Lebensjahres sind, fangen sie an, Sprachlaute nachzuahmen. Während sie in ihrem dritten Lebensjahr hauptsächlich mit der Aneignung von Wörtern befasst sind, lernen sie zu Ende ihres dritten und in ihrem vierten Lebensjahr komplexe Sprachrepräsentationen (Abb. 5). Sprache scheint der entscheidende Mediator für die Entwicklung der Persönlichkeit zu sein. «Ich» sagen zu können, ist dabei offensichtlich ein Schritt vom Affen zum Menschen. Die Wissenschaftsautorin Elaine Morgap hat in ihrem 1995 erschienenen Buch *The descent of the child* als entscheidende sprachliche Kriterien für die «Menschwerdung» des Kindes formuliert: «Sobald das Kind die Bedeutung von *Warum* und *Weil* gelernt hat, ist es zu einem vollwertigen Mitglied des Menschengeschlechts geworden.»

Als Vertreter der realen Dinge stellen Worte und die mit ihnen verknüpften Bedeutungen die entscheidenden Brückenglieder hin zu einer vierdimensionalen Repräsentanz der Welt dar. Die Zeit als vierte Dimension ermöglicht mit Hilfe der Sprache, aber natürlich auch durch bildhafte mentale Repräsentationen das Wiederholen von Vergangenem *(retrogrades Gedächtnis)* und die Projektion auf die Zukunft *(prospektives Gedächtnis)*. In Martin Heideggers (1957) etwas komplexerer Denkweise: «Erst wenn wir uns denkend dem schon Gedachten zuwenden, werden wir verwendet für das noch zu Denkende.» Die Repräsentation des Selbst hat die Sprache als Fundament und ermöglicht mit Hilfe der Erinnerungsfähigkeit die Entwicklung von Selbstbewusstsein und psychologischem Verstehen *(Theory of Mind)*. Mit

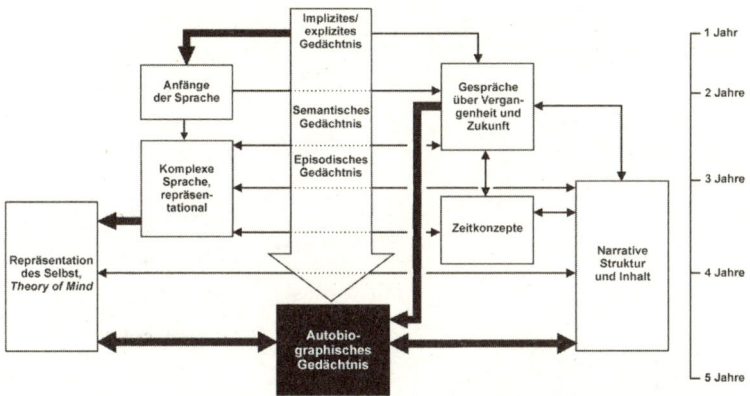

Abb. 5: Die Entwicklung des autobiographischen Gedächtnisses in den ersten fünf Lebensjahren. Abgebildet sind sowohl kognitive wie soziokulturelle Einflussfaktoren (verändert nach Nelson & Fivush, 2004, und Nelson, 2006).

Selbst ist dabei ein elaboriertes Selbst gemeint, das über das Kernselbst, das wir als Menschen mit vielen Tieren (und mit Kleinkindern und geistig zurückgebliebenen Menschen) gemeinsam haben, hinausgeht. Sowohl der Neurologe Antonio Damasio als auch die Entwicklungspsychologin Katherine Nelson verwenden diese Unterscheidung in *core self* und *extended/autobiographical self*; dabei weist der Terminus «autobiographisches Selbst» auf die Notwendigkeit der Ausbildung eines autobiographischen Gedächtnisses hin (vgl. Abb. 5).

2.4 Psychologisches Verstehen/Theory of Mind

Das Kleinkind sieht sich noch als Einheit mit seiner Mutter; erst später entwickelt es ein eigenständiges Selbst und ist in der Lage, zwischen sich und anderen zu unterscheiden. Aber selbst in diesem Stadium ist es noch ein weiter Weg bis zu dem Vermögen, sich in den «Seelenzustand» anderer hineinversetzen zu können und für sie Mitgefühl, z. B. Mitleid, zeigen zu können. Zwar kennen wir auch bei manchen Tierarten – Menschenaffen, Rabenvögeln, Elefanten – Ansätze von psychologischem Verstehen

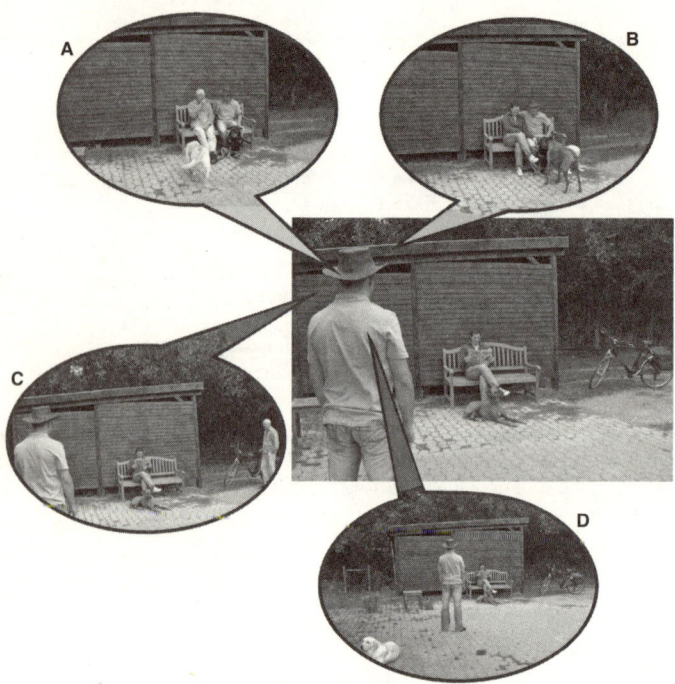

Abb. 6: Formen von Selbstprojektionen. Im Zentrum ist eine Szene dargestellt, die aktuell erlebt wird. Die darum herum befindlichen vier Szenen zeigen alternative Perspektivmöglichkeiten: In der Szene sind simulierte Perspektiven aus den so genannten Erste- und Dritte-Person-Perspektiven dargestellt (*Erste-Person-Perspektive:* Wie sehe ich die Szene?; *Dritte-Person-Perspektive:* Wie sieht eine andere Person die Szene?). A: Erinnern als Simulieren der Vergangenheit; retrogrades Gedächtnis. B: Simulieren einer möglichen Situation in der Zukunft; prospektives Gedächtnis. C: Die Perspektive einer anderen Person übernehmen. D: Navigation oder topographische Orientierung – sich eine Szene aus einer anderen Perspektive vorstellen (in Anlehnung an Fig. I von Buckner & Carroll, 2007).

(die Elefantenmutter, die ihrem dürstenden Kleinkind Schatten spendet), das breit gefächerte Spektrum der Fähigkeit, sich in andere hineinzuversetzen und die Perspektive zu wechseln – zeitlich (Wie war das früher, wie wird es morgen sein?), örtlich (Wie sieht die Situation aus einer anderen Perspektive aus?) und

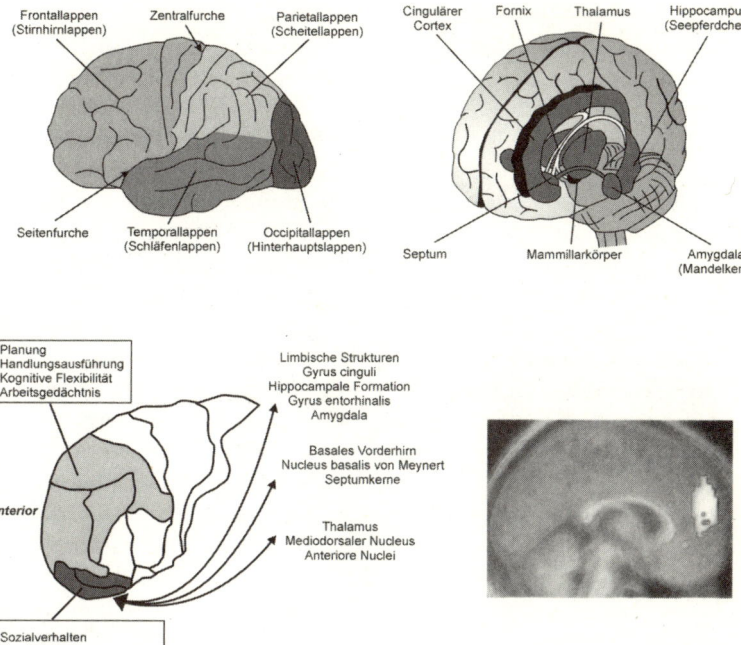

Abb. 7: Links oben: Die Grundeinteilung der Großhirnrinde von der Seite aus gesehen. Rechts oben: Die Lage wichtiger Strukturen des limbischen Systems im Gehirn. Links unten: Eine moderne funktionelle Aufteilung des Stirnhirns (Frontallappen; vgl. oben links). Rechts unten: Darstellung des Gehirns von der Mitte aus betrachtet: Mittels funktioneller Kernspintomographie erhaltene Aktivierungen (heller Bereich) auf die Repräsentation des Selbstbilds finden sich vor allem im medialen, vorderen Stirnhirnbereich und sprechen somit dafür, dass die Repräsentation des Selbst vor allem über das Stirnhirn kontrolliert wird (nach Fig. 4 von Schulte-Rüther et al., 2007).

personal (Wie stellt sich die Situation für eine andere Person dar?) –, ist aber allem Anschein nach dem hirngesunden Menschen vorbehalten (Abb. 6). Premack (2007) schloss aus einem Vergleich einer Reihe höherer kognitiver Leistungen wie Lernen/Lehren, Kurzzeitgedächtnis, kausales Schlussfolgern, Planen, Täuschen, transitives Schließen, Theory-of-Mind-Funktionen und Sprache, dass die Ähnlichkeiten zwischen tierischen und menschlichen Fähigkeiten gering seien, die Unterschiede hingegen beträchtlich.

Dass das Gesagte in der Regel nur für hirngesunde Menschen gilt, zeigen neben Studien mit funktioneller Bildgebung in erster Linie Fälle von Patienten mit neurologischen Schäden oder psychiatrischen Störungen. Dabei lässt sich differenzieren zwischen Menschen, die so genannte fokale Hirnschäden – etwa im Stirnhirn (Abb. 7) – aufweisen, Menschen, deren Gehirn global abgebaut hat (Patienten mit dementiellen Erkrankungen), und Menschen, die aufgrund psychischer Störungen den Bezug zur Realität, zu ihrer Persönlichkeit und Vergangenheit oder allgemeiner zu ihrem Selbst ganz oder teilweise verloren haben.

Das Stirnhirn – die Basis unseres Selbst.   Nicht jeder, der einen Stirnhirnschaden aufweist, ist hinsichtlich seiner Persönlichkeit beeinträchtigt. Dennoch gibt es schon seit bald zwei Jahrhunderten Fallbeschreibungen von Patienten, die sich nach Stirnhirnschäden massiv in ihrer Persönlichkeit veränderten. Einmal ist hier Phineas Gage zu nennen, ein 25-jähriger Vorarbeiter bei einer ostamerikanischen Eisenbahngesellschaft, dem 1848 eine mehr als einen Meter lange angespitzte Eisenstange mit einem Durchmesser von vier Zentimetern von schräg unten durch den Vorderschädel schoss, als er mit ihr auf Dynamit klopfte. Er überlebte zwar die Schädelhirnverletzung, war danach aber, wie seine Kumpel sagten, «no longer Gage». Aus einem ordentlichen, zuverlässigen Vorarbeiter war ein unsteter Vagabund geworden, der zwischen Kalifornien und Chile tingelte und mit 45 Jahren verstarb. Ganz ähnlich schrieb 1888 Leonore Welt, eine der ersten Frauen, die den Arztberuf ausübten, *Ueber Charakterveränderungen des Menschen infolge von Läsionen des Stirnhirns.* Welts erste Fallbeschreibung war der «37-jährige Kürschner Franz Binz aus Bülach», der «im trunkenen Zustand heimgekommen» und dann aus dem Fenster des 4. Stocks «herausgefallen» war – «circa 100 Fuss». Sein linkes Stirnhirn war durch den Sturz geschädigt. Vor seiner Hirnschädigung war er ein «braver, fleissiger, geschickter und gutmüthiger Mensch, ... immer voll guter Laune, heiter, voll von Schnurren und Geschichten». Durch seinen Stirnhirnschaden wurde er gewalttätig, riss sich jede Nacht den Verband vom Kopf, zankte sich fortwährend, ärgerte und ängstigte die anderen Kranken. «Hatte er seine Fäces ins Bett gelassen, so befahl er oft mit ausgesuchter Schadenfreude: ‹Garcon – Bett rein machen›». Seiner Schwester trug er auf, dem Arzt zu berichten, dass die Wärter ihn nachts mit Stecknadeln quälten. Selbst dem Klinikdirektor drohte er, ihn im Lokalblatt anzuschwärzen. Als dieser ihm antwortete, er lebe doch im Spital bei guter Behandlung, guter Kost und besten Weinen, antwortete Binz, er sei «an Chateau Laffitte und andere französische Weine gewöhnt und nicht an so saures Zeug».

Die Serie derartiger Fälle ließe sich beliebig fortsetzen und hat ihren Niederschlag sowohl in frühen (Feuchtwanger, 1923) als auch in neueren Buchveröffentlichungen gefunden (Damasio, 1995). Damasio basierte auf derartigen Fallbeschreibungen auch seine Differenzierung in ein Protoselbst *(proto-self)*, Kernselbst *(core self)* und ein erweitertes, autobiographisches Selbst *(autobiographical self)* (Damasio, 1999). Das Protoselbst ist im Grunde allen höheren Tieren (z. B. Tintenfischen, Wirbeltieren) eigen, das Kernselbst allen Menschen, das autobiographische Selbst dagegen nicht. Das Kernselbst drückt sich in der Schmerzempfindung aus, wenn ein Schmerz als dem eigenen Körper zugehörig empfunden wird. Stirnhirngeschädigte, wie die beiden oben beschriebenen Fälle, besitzen nicht mehr uneingeschränkt ein autobiographisches Selbst, weil sie nicht mehr in der Lage sind, falls erforderlich, auf ihre vergangene Erfahrung so zu rekrutieren, dass sie diese nutzbringend für ihr zukünftiges Leben einsetzen können. Viele dieser Patienten sind auch in ihrem Einfühlungsvermögen hinsichtlich des psychischen Zustands anderer eingeschränkt. Auch dies wird aus den beschriebenen Handlungen und Äußerungen von Franz Binz deutlich. Das Stirnhirn und hier insbesondere der frontale Pol stellt – so die neuere Forschung – die Steuerregion dar, die uns nach außen wie nach innen aufmerksam sein lässt und die das Generieren und Aufrechterhalten von Gedankengängen ermöglicht (Burgess et al., 2007).

Prä- und perinatal induzierte Debilität. Stärker noch in ihrem autobiographischen Selbst eingeschränkt sind Patienten, die von Geburt oder Kindheit an geistig stark zurückgeblieben sind (früher als Oligophrenie, Idiotie, Imbezillität, Debilität bezeichnet), oder die an erworbenem Schwachsinn oder zunehmendem geistigen Abbau leiden (z. B. durch Hirninfektionen oder durch Absterben von Nervenzellen infolge degenerativer Krankheiten – Demenzen). Diesen Menschen fehlt häufig sogar das Vermögen, sich als eigenständiges Selbst zu erkennen. Immer wieder findet man Beispiele, dass an Demenz erkrankte Menschen mit ihrem Spiegelbild sprechen oder auf ein Gesichtsporträt in der Tageszeitung einreden. Hinsichtlich des eigenen Spiegelbildes findet man derartiges Verhalten auch bei Kleinkindern, bei Hunden, Katzen oder Rhesusaffen. All diesen ist natürlich eigen, dass sie nicht über ein autobiographisches Selbst im Sinne von Damasio verfügen. Sie können keine mentalen Zeitreisen in ihre Vergangenheit antreten oder sich ihre Zukunft vorstellen. Damasios elaboriertes Selbst ist an die persönliche Erinnerung gebunden und entspricht damit dem Eingangsmotto von Ewald Hering (s. Beginn des 1. Kapitels).

Demenz im Alter. Patienten mit dementiellen Erkrankungen gelten als Paradebeispiele für ein auseinanderfallendes Selbst. Demenzen werden definiert durch das Vorhandensein von Gedächtnisstörungen, der Unfähigkeit, mit den Aktivitäten des täglichen Lebens zurechtzukommen, und durch das Vorhandensein einer weiteren kognitiven Störung. Dass bei Demenzen wie der Alzheimer-Erkrankung sich das Selbst auflöst und zerfällt, hat schon vor Jahrzehnten der Psychiater Reisberg anhand der nach ihm benannten Reisberg-Skala demonstriert (Tab. 2). Diese Skala demonstriert auch, dass unser Selbst nicht als Alles-oder-Nichts-Eigenschaft aufgefasst werden sollte, sondern eher einem graduellen Prozessgeschehen entspricht (Abb. 5). Die Plausibilität dieser Annahme wird sowohl durch die ontogene-

Tab. 2: Die «Global Deterioration Scale» von Reisberg et al. (1982); sie unterteilt den Verfall des Ichs in sieben Stadien, die in der Tendenz der kindlichen Entwicklung vom Baby zum jungen Erwachsenen entgegengerichtet sind (modifiziert nach Tab. I aus Wettstein, 2005).

Stadium	Primärsymptome	Alter, in dem Kinder die Fähigkeit erwerben	Schweregrad
I	keine Symptome		normal
II	Vergesslichkeit		leichte kognitive Beeinträchtigung
III	Versagen in komplexen Aufgaben in Beruf und Gesellschaft	18 Jahre	sehr leichte Demenz
IV	Familie und Freunde nehmen Defizite wahr; benötigt Hilfe bei schwierigen Aufgaben des täglichen Lebens (z.B. Einladungen, Buchhaltung)	12–16 Jahre	leichte Demenz
V	Benötigt Hilfe bei einfachen Tätigkeiten (z.B. Wahl der Kleidung); agitiert	6–8 Jahre	mittelschwere Demenz
VI	Kann nicht mehr für sich selbst sorgen; Hilfe notwendig bei	≤ 5 Jahre	schwere Demenz
	• Ankleiden	4 Jahre	
	• Baden	3 ½ Jahre	
	• Toilettengang	2–3 Jahre	
	• Urininkontinenz	2 Jahre	
	• Stuhlinkontinenz		
VII	Verlust von Bewusstsein, Sprache, Motorik, Tod	≤ 2 Jahre	sehr schwere Demenz
	• Sprechvermögen bei 6 Worten	1 Jahr	
	• kann nicht mehr sprechen	1 Jahr	
	• kann nicht mehr gehen	1 Jahr	
	• kann nicht mehr sitzen	6 Monate	
	• kann nicht mehr lachen	1–4 Monate	
	• kann nicht mehr den Kopf halten	1–3 Monate	

Tab. 3: Formen von Bewusstsein

- Wachheit
- gerichtete Aufmerksamkeit
- inneres Wissen oder Überzeugung
- Gewahrsein von Denkvorgängen
- Körperbewusstsein («Der mich umgebende Körper ist mein eigener»)
- Gesamtheit des Denkens einer Person
- Bewusstsein als mentaler Zustand (hoffen, glauben, fürchten, erwarten, wünschen, leiden)
- Selbstreflexion, Zeitgefühl, Proskopie (= Vorausschau)

tische Entwicklung des Menschen als auch durch Tiere belegt, die in der Lage sind, im wörtlichen Sinne über sich zu reflektieren, d. h., die sich im Spiegel erkennen (s. Kap. 2.2). Man kann sich Bewusstsein, wie ich an anderer Stelle näher ausgeführt habe (Markowitsch, 2004, 2005), als einen Stufenprozess vorstellen bzw. als Varianten von einfach bis zu komplex (Tab. 3).

Dissoziative (psychogene) Amnesien und fokale neurologische Schäden. Fast aufschlussreicher als Patienten mit dementiellen Erkrankungen sind solche, bei denen die Intelligenz erhalten ist, die auch keine direkte oder nur eine sehr begrenzte Schädigung ihres Hirngewebes aufweisen, die ihre autobiographische Erinnerung dennoch relativ selektiv ganz oder teilweise verloren haben (genauer müsste man formulieren, bei denen der Zugang zu ihrer Vergangenheit blockiert oder gehemmt ist). Diese Patienten leiden, soweit bei ihnen kein direkter Hirngewebsschaden, dagegen aber eine starke psychische Belastung nachweisbar ist, unter dissoziativer Amnesie. Dieses Krankheitsbild wird in Kapitel 7.2 näher behandelt. Die andere Gruppe hat eine Schädigung in bestimmten Hirnstrukturen, die offensichtlich eine selektive retrograde Amnesie im autobiographischen Bereich mit sich bringt.

Die dissoziativen Patienten waren – zumeist in ihrer Kindheit oder Jugend – mit schweren psychischen Problemen oder Ausnahmesituationen konfrontiert und haben nicht gelernt, mit neuen, in ihrem späteren Leben auftretenden schwerwiegenden

Ereignissen umzugehen. Tritt ein derartiges, für einen Außen-
stehenden eher banal wirkendes Ereignis dann im Erwachsenen-
dasein ein, kann es eine so genannte mnestische Blockade
bewirken, die oft jahrelang anhält. Für die Wissenschaft und
speziell für den Zusammenhang von autobiographischem Gedächtnis und Selbst ist es von Interesse, dass diese Patienten
nach außen hin völlig unauffällig wirken können – so sind sie
imstande, normale Konversation zu führen, sie können die Namen berühmter Leute angeben, schreiben, lesen, rechnen etc.
Dennoch sind sie hinsichtlich ihrer eigenen Person und bei
der Frage, wie sie sich emotional gegenüber ihrer sozialen Umgebung verhalten sollen, äußerst unsicher oder indifferent
(schon im 19. Jahrhundert benutzte der französische Nervenarzt Pierre Janet die Bezeichnung «belle indifference»). Die andere neurologische Patientengruppe hat Hirnschäden in
Regionen, die für den Abruf autobiographischer Erlebnisse stra-
tegisch bedeutsam sind (welche Regionen das sind, wird in
Kap. 6 beschrieben). An beiden Patientengruppen zeigt sich,
dass der Verlust der persönlichen Erinnerungen eine Veränderung des Selbstbilds zur Folge hat – bedingt etwa dadurch, dass
man nicht mehr abschätzen kann, wie man sich früher verhielt,
wann man die Partnerin küsste oder umarmte oder wie man
Vorgesetzten gegenüber auftrat. Psychologisches Verstehen verlangt nach Gedächtnis und setzt die Erfahrung sozialer und
emotionaler Kontakte voraus. Auf Hirnebene kommt dabei
vor allem Teilen des Stirnhirns eine besondere Bedeutung
zu. Dies konnten wir auch in Versuchen zeigen, bei denen wir
Personen Bilder von Gesichtern präsentierten, die verschiedene
Emotionen ausdrückten. Die Aufgabe bestand darin, diese Gesichter hinsichtlich der Wirkung auf einen selbst (Bedingung:
selbst) und hinsichtlich der durch den Gesichtsausdruck inten-
dierten Wirkung (Bedingung: *andere*) zu beurteilen. Während-
dessen wurde das Gehirn der Probanden mit Hilfe von funktioneller Bildgebung untersucht (Schulte-Rüther et al. 2007). Unter
beiden Bedingungen fanden sich die bedeutendsten Hirnaktivie-
rungen im Bereich des vorderen Stirnhirns (Abb. 7). Unter funktioneller Bildgebung werden Methoden subsumiert, die es er-

möglichen, Stoffwechselveränderungen auf Hirnebene zu messen und diese direkt auf Änderungen in der Nervenzellaktivität zu beziehen. Die heute gängigste Methode ist die funktionelle Kernspintomographie; eine schwieriger durchzuführende Technik, die auch die Injektion von radioaktiven Markierersubstanzen in die Blutbahn verlangt, ist die Positronenemissionstomographie.

3. Gedächtnis und Zeit – Einspeicherung, Ablagerung, Abruf, Individual- und kollektives Gedächtnis

3.1 Kollektives, kulturelles, kommunikatives Gedächtnis

Unter Gedächtnis wird im Alltag sehr Unterschiedliches verstanden. «Dem Gedächtnis unserer Gefallenen» findet sich etwa als Spruch auf Kriegerdenkmälern und verweist darauf, dass sowohl das Monument ein «Denkmal» ist, ein Gebilde, das für verstorbene Menschen geschaffen wurde, als auch darauf, dass dieses Gebilde einen Anstoß zum Nachdenken, zum Erinnern geben soll. Die Geschichtsschreibung hat ebenfalls einen Bezug zum Gedächtnis, sie soll späteren Generationen dokumentieren, was einmal gewesen ist und über die Dauer eines Menschenlebens und des mit ihm verbundenen Speicherorgans Gehirn hinausgeht. Das Schlagwort vom «kollektiven Gedächtnis» betraf insbesondere die Generationen nach der Zeit des Nationalsozialismus und findet sich noch heute in Büchern wie dem von Harald Welzer (2007) herausgegebenen über den *Krieg der Erinnerung. Holocaust, Kollaboration und Widerstand im europäischen Gedächtnis*. Aber auch Volksmärchen und Sagen – z.B. die Nibelungensage – stehen für Kollektive und überdauern viele Generationen; besser sollte man in diesem Zusammenhang allerdings vom ‹kollektiven Erinnern› sprechen (Wertsch, 2008), da viele Menschen auf gleichartige Szenen, Bilder oder Wortzitate zurückgreifen und somit aktiv eine gemeinsame Vergangenheit rekonstruieren.

«Kulturelles Gedächtnis» lautet ein weiteres Schlagwort, das auf Tradierung, auf die Weitergabe von Generation zu Generation abhebt (Markowitsch, 2008c). Dazu gibt es sogar Beispiele aus dem Tierreich, etwa von japanischen Makaken, die das Waschen von Süßkartoffeln, das eine Affendame vor Jahrzehnten einführte, über Generationen tradieren. Für die Formen des kollektiven wie des individuellen Gedächtnisses gilt gleichermaßen, dass Gedächtnis erst durch die Umwelt entsteht und dass gerade gegenwärtig die soziale und kulturelle Umwelt weit mehr als in früheren Zeiten unser Dasein bestimmt (Markowitsch, 2008c). Das Computerzeitalter ist zugleich das Zeitalter der Speichermedien, alles kann auf Datenträgern niedergelegt und von ihnen wieder hervorgeholt werden. Das Computerparadigma hinterlässt seine Spuren auch in unserer Sprache; so hat der Kognitionswissenschaftler E. Hutchins etwa einen Artikel betitelt: «How a cockpit remembers its speed.» Cockpit-Instrumente speichern Information, die dann der Pilot überprüfen kann. In diesem Fall bildet das Wechselspiel zwischen Mensch und Maschine das Gedächtnis. Darüber hinaus sollte man bedenken, dass nicht ein Individuum einen brillanten Intellekt hat, sondern dass die Brillanz nur in den Augen (oder im Gehirn) anderer vorhanden ist, wenn sie Äußerungen von Intellekt miteinander vergleichen. Umgekehrt erinnert sich nicht eine Gesellschaft, sondern es erinnern sich stets nur die Individuen innerhalb der Gesellschaft.

Besonders wichtig ist: Gehirne *rekonstruieren* Erinnerungen. Dies besagt: Individuelle oder kollektive Erinnerungen spiegeln niemals die tatsächliche Vergangenheit wider, sondern lediglich jene, die sich das Gehirn aufgrund innerer Zustände und Gegebenheiten sowie äußerer Reize zum jeweiligen Abrufzeitpunkt bildet (s. Kap. 1.1). Gleichwohl bewirken kollektive Erinnerungen eine Stärkung der Identität. Landmarken und Zeitmarken (z. B. die Akropolis) tragen dazu bei, kommunikatives Gedächtnis zu stärken (Markowitsch, 2005). Innerhalb des kollektiven Gedächtnisses können Ereignisse aber auch unterdrückt werden (Unterdrückung wird hier als bewusster, gewollter Vorgang verstanden, im Unterschied zu Repression als unbewusst sich vollziehendem Vorgang; Langnickel & Markowitsch, 2006). Beispiele finden sich in der neuen deutschen Geschichte (Holocaust), aber auch der Völkermord an den Armeniern oder das Massaker von Nanking durch die damaligen japanischen Besatzer zählen dazu. Neuerdings gibt es Indizien für eine erhöhte Vulnerabilität von Nachkommen von Holocaustopfern gegenüber Stress und posttraumatischen Belastungsstörungen, wobei einzelne Autorengruppen sogar von Vererbbarkeit ausgehen (Yehuda et al., 1998; Federenko et al., 2006).

Sowohl die zu Anfang des ersten Kapitels gegebene Definition von Gedächtnis (Sinz, 1979) als auch die Beispiele hirngeschädigter Menschen im zweiten Kapitel sollten deutlich gemacht haben, dass Gedächtnis einerseits durch Konstanz – etwa im Sinne unseres gesammelten Erfahrungsschatzes –, andererseits aber auch durch Vergänglichkeit und dynamische Veränderung gekennzeichnet ist. In seiner allgemeinsten Definition bezieht sich Gedächtnis lediglich auf gespeicherte Information – unter dieser Prämisse ist eine Tonbandaufzeichnung ebenso Gedächtnis wie ein Denkmal oder ein Buch. Gedächtnis in seiner engeren Definition bezieht sich auf die im individuellen Gehirn gespeicherte Information. Obwohl auch Denkmäler vergänglich sind, wird Gedächtnis in diesem zweiten, engeren Bezugsrahmen grundsätzlich als vergänglich betrachtet, und dies nicht nur, weil Menschen und ihr Hirn vergänglich sind, sondern auch, weil neue Informationen alte überlagern oder verdrängen und die Nervenzellen sich während des gesamten Lebens modifizieren, axonale und dendritische Endigungen ein- oder ausfahren oder sogar ganz absterben.

3.2 Gedächtnis, Zeit und Rhythmik

Der Dynamik des Gedächtnisses liegen natürlich an erster Stelle Veränderungen über die Zeit zugrunde. Die fundamentale Erfahrung von Zeit in unserer Welt ist durch bestimmte Periodiken oder Rhythmen geprägt, etwa durch Jahreszeiten und Tageszeiten. Die vielfältigen Periodika, denen Lebewesen ausgesetzt sind, haben dazu geführt, dass sich auch «innere Uhren» entwickelt haben und Tiere wie Menschen Zeitgeber in ihren Gehirnen besitzen, die kurz- wie langfristige Änderungen signalisieren. Ein Paradebeispiel unserer Körperrhythmik ist der Schlaf, der wesentlich auch zur Festigung *(Konsolidierung)* von Gedächtnisinhalten beiträgt (s. Kap. 6). Fehlender Schlaf auf-

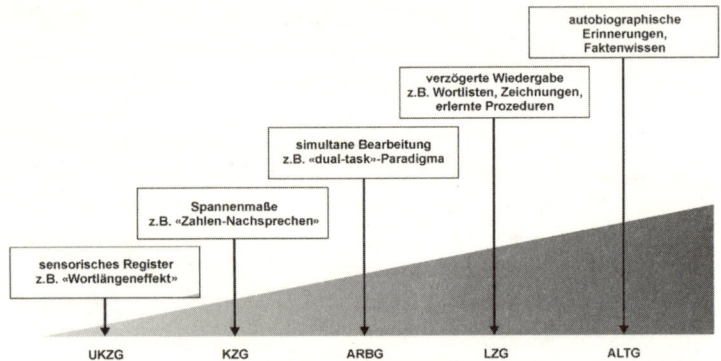

Abb. 8: Man kann grundsätzlich die Beziehung zwischen Gedächtnis und Zeit als ein quasi-kontinuierliches Schema darstellen (modifiziert nach Abb. 7.11 von Markowitsch & Calabrese, 2003). UKZG = Ultrakurzzeitgedächtnis, KZG = Kurzzeitgedächtnis, ARBG = Arbeitsgedächtnis, LZG = Langzeitgedächtnis, ALTG = Altgedächtnis.

grund einer Hirnkrankheit – in diesem Fall der Fatalen Familiären Insomnie – verändert die zirkadiane Rhythmik und kann zum Tode führen (Lugaresi et al., 1987). Aus einer unreflektierten, immanenten Erfahrung der Zeit *(Chronognosie)* hat sich das Vergleichen der inneren mit der äußeren Historie *(Chronologie)* und schließlich die Möglichkeit objektiver Zeitmessung *(Chronometrie)* entwickelt. Das bewusste Wahrnehmen und Erfassen der subjektiven Zeit wird schließlich als *Chronästhesie* bezeichnet (Markowitsch, 2005).

Diese Zeitebenen und -nuancen bedingen offensichtlich auch Unterteilungen auf Gedächtnisebene. Die fundamentalste Unterscheidung ist die zwischen einem Kurzzeit- und einem Langzeitgedächtnis. Ernst Pöppel (1985) meint darüber hinaus, einen «kommunikationsfreundlichen Arbeitstakt» des Gehirns von etwa drei Sekunden herausgefunden zu haben. Die Gegenwart eines Sinnes (und damit auch die des Individuums) definiert sich jedenfalls nicht als «imaginärer Nullpunkt» zwischen Vergangenheit und Zukunft, sondern beschreibt den Zeitraum, in welchem es dem Individuum unmöglich ist, zwei aufeinanderfolgende Reize durch eines seiner Sinnessysteme voneinander zu unterscheiden. Für das auditive System umfasst die «Gegenwart» beispielsweise eine Zeitspanne von 4 bis 8 Millisekunden, für das visuelle System sind es etwa 30 und für das somatosensorische ungefähr 10 Millisekunden. Dementsprechend dauert die bewusst erlebte «sensorische Gegenwart» eines Individuums wenigstens die Zeitspanne, der dazu nötig ist, um die Gegenwart aller Sinnessysteme im Rahmen einer «Hüllkurve» abzubilden (Covey et al., 1993).

Erwähnen möchte ich, dass die Differenzierung in Kurzzeit- und Langzeitgedächtnis zwar recht universell ist, aber dennoch ab und zu Forscher alternative Unterteilungen (oder gar keine) vorschlagen. Ein älteres Beispiel dafür ist die Theoriearbeit von Craik und Lockhart (1972), ein neues die von Ranganath und Blumenfeld (2005). Wie Abbildung 8 verdeutlicht, lässt sich die Beziehung zwischen Gedächtnis und Zeit im Prinzip jedoch durch ein quasi-kontinuierliches Schema erfassen.

Kurzzeitgedächtnis. Im Alltagssprachgebrauch heißt es häufig, das Kurzzeitgedächtnis alter Menschen sei gestört, wenn sie nicht mehr in der Lage sind, die während des Tages wichtigen Dinge zu behalten. Die Wissenschaft – insbesondere die Neurowissenschaften und die Psychologie – verstehen unter Kurzzeitgedächtnis jedoch weit kürzere Zeitepochen, statt Stunden nur Sekunden bis hin zu wenigen Minuten *(Sekundengedächtnis, Merkspanne)*. In der Regel heißt es, dass man sich 7 *plus/minus* 2 Einheiten (etwa Ziffern oder Wörter) merken kann. 1956 hatte dies der Psychologe George Miller propagiert, und im nächsten halben Jahrhundert fanden sich vielfältige Belege für die grundsätzliche Richtigkeit seiner Annahme, die auch dem Alltagswissen entspricht. Manche Wissenschaftler reduzieren diese Spanne allerdings auf nur vier Merkeinheiten (Cowan, 2000). Dass man sich etwa eine siebenstellige Telefonnummer kurzfristig merken kann, zeigt sich auch bei neurologischen Patienten, die nach Hirnschäden, die ihr Langzeitgedächtnis (s. u.) massiv beeinträchtigen, noch durchaus in der Lage sind, unter günstigen Bedingungen (keine nachfolgenden interferierenden Reize) Information über zwei, drei Minuten zu behalten, diese dann aber völlig vergessen. Auch Zeitabschätzungen gelingen den betreffenden Patienten in diesem Bereich, während sie längere Perioden überhaupt nicht abschätzen können (Markowitsch, 2006). So formulierte H. M., der bekannteste Amnesiepatient (Corkin, 2002), über sich: «Every day is alone, whatever enjoyment I've had, and whatever sorrow I've had» («Jeder Tag steht für sich allein, ganz gleich, was er mir an Freude oder Trauer gebracht hat»; Milner et al., 1968, S. 217).

Arbeitsgedächtnis. Alan Baddeley schuf den Ausdruck Arbeitsgedächtnis, um damit zu unterstreichen, dass es außer dem Kurzzeit- und dem Langzeitgedächtnis noch einen weiteren Gedächtnisbereich gibt, der mit der zeitlichen Dauer von Informationsverarbeitung zu tun hat (Baddeley, 2001). Unter Arbeitsgedächtnis versteht er sozusagen das aktive, kurzfristige Arbeiten

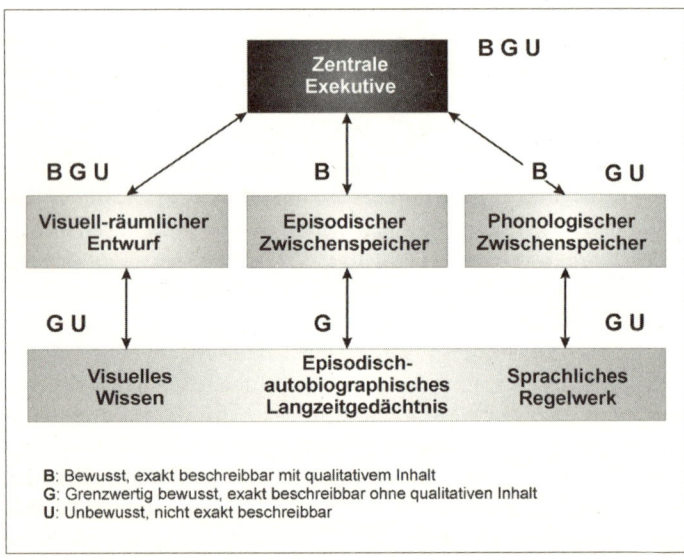

Abb. 9: Vorstellung interaktiver Mechanismen innerhalb des Arbeitsgedächtnisses (nach Fig. I von Baars & Franklin, 2003). Das anatomische Korrelat für die «Zentrale Exekutive» wird primär im Stirnhirn angesiedelt.

mit Information, das Bearbeiten von Gedächtniseinheiten. Beim Einspeichern neuer Information findet ein Abgleich zwischen der neuen und der schon abgespeicherten Information statt. Nach Baddeleys Modell wird gleichfalls beim Abrufen alter Information diese sozusagen in handlichen Päckchen im Arbeitsgedächtnis zwischengespeichert, bevor der Abruf dann endgültig erfolgt. Baddeley nimmt eine Unterteilung des Arbeitsgedächtnisses in eine Leitungs- oder Kontrollinstanz, die «zentrale Exekutive» sowie in drei hierarchisch darunter liegende, abhängige Systeme vor – einen «visuell-räumlichen Notizblock», eine «phonologische Schleife» und einen «Puffer für Episoden» (Abb. 9). Grundsätzlich kann man das auf zwei Sinnesmodalitäten begrenzte Modell Baddeleys auf alle Sinnessysteme ausdehnen, wie aus Abbildung 10 hervorgeht. Die Beziehungen zwischen Kurzzeitgedächtnis und Arbeitsgedächtnis werden intensiv in der Arbeit von Unsworth und Engle (2007) diskutiert und analysiert.

Langzeitgedächtnis. Unser umfassendster Gedächtnisspeicher ist der des Langzeitgedächtnisses. Darunter fällt Information, die sich – einmal erfolgreich eingespeichert – grundsätzlich (wenn auch in der Praxis eher selten) ein Leben lang abrufen lässt. Den zeitlichen Zusammenhang zwischen beiden Gedächtnissystemen demonstriert Abbildung 11A; die zu Beginn asymptotisch aus der Nulllinie ansteigende Linie des Langzeitgedächtnisses soll symbolisieren, dass Information dann, wenn sie im Kurzzeitgedächtnis angekommen ist, immer auch gleich weiter in das Langzeitgedächtnis geleitet wird, selbst wenn der Kurzzeitspeicher noch nicht gefüllt ist. (Manche Autoren benutzen für das Kurzzeit- und das Langzeitgedächtnis auch die Ausdrücke *primäres* und *sekundäres Gedächtnis*.) Selten wird das Langzeitgedächtnis nochmals der Zeit nach in ein über Stunden (bis zur Erledigung des neu Aufgenommenen) anhaltendes und ein darüber hinausgehendes Langzeitgedächtnis unterteilt (Abb. 11B). In der Regel versteht die Wissenschaft Langzeitgedächtnis als einheitlichen Speicher, in dem manche Informationen über Stunden, andere über Tage und wieder andere ein

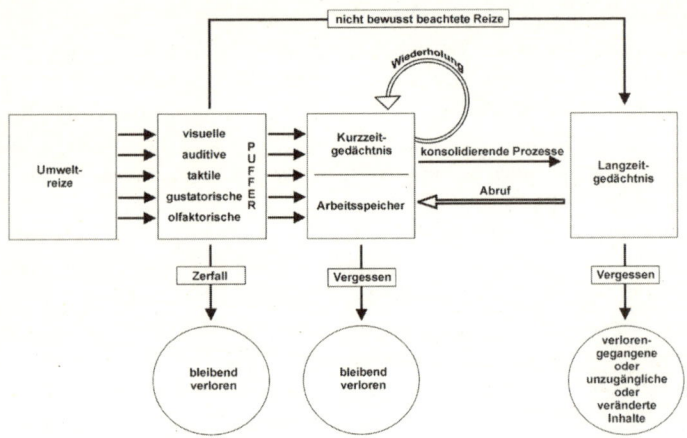

Abb. 10: Schematische Darstellung des zeitlichen Zusammenhangs der Informationsverarbeitung (vgl. Robertson, 2002).

Leben lang abrufbar bleiben. Eine Zusammenschau von Kurzzeit-, Arbeits- und Langzeitgedächtnis und den Mechanismen von Einspeicherung und Abruf bietet Abbildung 10 und findet sich in der Übersichtsarbeit von Richardson (2007).

3.3 Zeit und Gedächtnis

Gedächtnis ist immer eine Funktion der Zeit, wobei in der Regel eine Vermischung von objektiver und subjektiver Zeit stattfindet. «Objektiv» meint in diesem Zusammenhang, dass wir uns recht präzise an Zeitpunkte erinnern können, an denen etwas geschah, das wir in unserer Erinnerung behielten (z. B. den Tag des Schulabschlusses, den ersten Hochzeitstag). Darüber hinaus stellt eine verlässliche Zeitwahrnehmung eine wesentliche Voraussetzung für bewusstes Erleben dar. Zeitwahrnehmung gewährt die Kontinuität des Ichbewusstseins; dabei lassen sich zwei Aspekte der Zeiterfassung unterscheiden: zum einen die Frage, wann ein Ereignis stattfand, und zweitens die Frage, wie lange es dauerte.

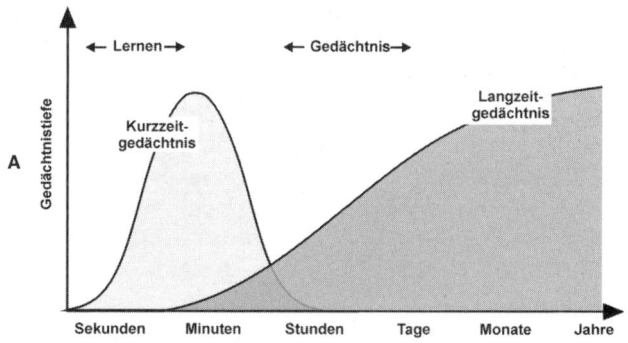

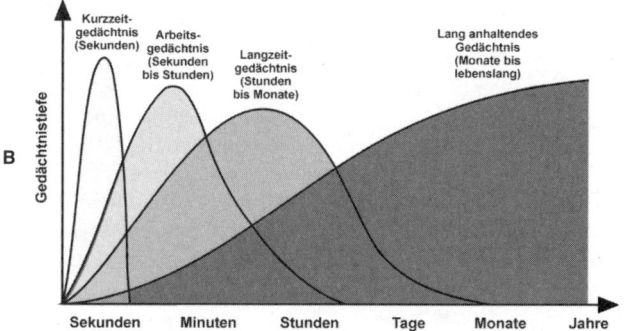

Abb. 11: Zusammenhänge zwischen Dauer und Tiefe der Informationsverarbeitung, bezogen auf die gängige Einteilung in Kurzzeit- und Langzeitgedächtnis (A); zum Vergleich ein seltener verwendetes Modell (B), das eine differenziertere Unterteilung nach der Zeit annimmt (vgl. Robertson, 2002).

Sprichwörter wie «Die Zeit heilt alle Wunden» belegen andererseits, dass sich mit der Zeit Dinge, Ansichten, Perspektiven verändern. Wer älter wird, für den verkürzen sich Zeitabstände, für ihn schrumpfen und vergehen die Jahre weit schneller als für ein Schulkind (Stevens, 2007). Die Zeitwahrnehmung verändert sich aber nicht nur mit dem Alter, sondern auch unter bestimmten externen oder internen Einflüssen. Von außen zugeführte Drogen wie LSD oder Meskalin oder auch die Beeinflussung durch Hypnose können die Zeitwahrnehmung genauso verändern wie unser Traumverhalten. Wir erinnern uns an lange Traumsequenzen, trotzdem zeigen wissenschaftliche Messungen, dass wir nicht die langen Minuten des Traumschlafes, sondern nur die kurze Zeit zwischen Traum und Aufwachen rekapitulieren. Dabei handelt es sich im Extremfall um Sekundenbruchteile, die uns im Nachhinein wie lange Minuten vorkommen. Ein von Freud (1900; S. 33) in seiner *Traumdeutung* ausgewähltes Beispiel verdeutlicht dies beispielhaft:

> Zur Berühmtheit gelangt ist ein Traum, den Maury erlebt hat (Le sommeil, p. 161). Er war leidend und lag in seinem Zimmer zu Bett; seine Mutter saß neben ihm. Er träumte nun von der Schreckensherrschaft zur Zeit der Revolution, machte greuliche Mordszenen mit und wurde dann endlich selbst vor den Gerichtshof zitiert. Dort sah er Robespierre, Marat, Fouquier-Tinville und alle die traurigen Helden jener gräßlichen Epoche, stand ihnen Rede, wurde nach allerlei Zwischenfällen, die sich in seiner Erinnerung nicht fixierten, verurteilt und dann, von einer unübersehbaren Menge begleitet, auf den Richtplatz geführt. Er steigt aufs Schafott, der Scharfrichter bindet ihn aufs Brett; es kippt um; das Messer der Guillotine fällt herab; er fühlt, wie sein Haupt vom Rumpf getrennt wird, wacht in der entsetzlichsten Angst auf – und findet, dass der Bettaufsatz herabgefallen war und seine Halswirbel, wirklich ähnlich wie das Messer der Guillotine, getroffen hatte.

Manche Patienten weisen nach bestimmten Hirnschäden so genannte Zeitraffer- und Zeitdehnungsphänomene auf, nehmen also einen Tag wie eine Viertelstunde wahr oder eine Minute wie eine Stunde (Markowitsch, 2005). Der Bergsteiger Reinhold Messner hat in seinem Buch *Grenzbereich Todeszone* 1998 zahlreiche Absturzerlebnisse von Bergsteigern angeführt, die im Fall ihr Leben an sich vorbeiziehen sahen und häufig in Sekunden eine Vielzahl von Szenen erlebten, deren Umfang fast über die Verarbeitungsgeschwindigkeit des Gehirns hinauszugehen scheint. Personen mit Nahtoderlebnissen «sahen» in der kurzen Zeitspanne mehrere Dutzend Erlebnisse vor ihrem geistigen Auge ablaufen. Zeit ist demnach etwas sehr Subjektives, wie sich auch in der Definition des episodisch-autobiographischen Gedächtnisses bestätigen wird (s. Kap. 4). Diese subjektive Zeitstruktur ist jedoch unumgänglich; sie ist gewissermaßen ein ordnendes Element, um unser Leben sinnvoll strukturieren zu können und um unsere Erinnerungen nicht – wie im Traum – chaotisch werden zu lassen.

3.4 Gedächtnis, Rhythmik und Periodik

Normalerweise gelingt es (erwachsenen) Menschen recht genau, eine Zeitspanne abzuschätzen. Das hat einmal damit zu tun, dass wir, wie alle Lebewesen, externen Zeitgebern – der Sonne und damit dem Tageslicht – unterworfen sind. Auch längerfristige Zeitgeber, die Jahreszeiten etwa, und kürzer dauernde, die Zeitdauer einer Mahlzeit etwa oder der Abstand zwischen den Mahlzeiten, «rhythmisieren» den Tages(ab)lauf. Maße zeitlicher Orientierung waren für den Menschen seit jeher auch die Dauer der Schwangerschaft, die Periode des Kindseins, die Länge einer Generation bzw. eines durchschnittlichen Lebens. Der Mondzyklus und, für Meeresanrainer, die Gezeiten lieferten weitere zeitliche Orientierungen. Die Erfindung der Uhr tat ein Übriges, Zeitperioden zu bestimmen und zu internalisieren. Gewohnheiten und Routinen stellen ebenfalls zeitliche Taktgeber dar; daneben aber sind unsere körperlichen Zustände von ganz besonderer Wichtigkeit für zeitliche Dimensionierungen (oder Portionierungen). Unsere «innere Uhr» bestimmt, wann unser Immunsystem hochfährt oder niedrig ist, wann unsere körperliche Reaktionsfähigkeit optimal ist, wann unser Magen-Darmsystem am aktivsten ist und wann unsere Aufmerksamkeit erlahmt. Selbst dann, wenn externe Zeitgeber fehlen, bleiben Körperrhythmen bestehen, wenngleich sie, wie etwa Aschoff (1965) zeigte, nicht mehr einem 24-, sondern einem 25-stündigen Rhythmus folgen. Lediglich die Dauer unseres Schlafes scheinen wir, wenn uns externe Zeitgeber (Uhr, Licht-/Dunkelperiodik) fehlen, nicht mehr sonderlich gut abschätzen zu können. Gleichwohl ist auch unser Schlaf in vorhersagbare Phasenabläufe mit definierbarer Zeitlänge gegliedert. Ein Schlafzyklus mit Phasen von flachem und von Tief- und REM-Schlaf dauert ca. anderthalb bis zwei Stunden; REM-Schlaf steht für *Rapid-eye-movement*-Schlaf, eine besondere Form von Tiefschlaf mit Augenbewegungen und Muskelerschlaffung.

Wir verfügen über eine Reihe interagierender Hirnregionen, die als Taktgeber oder «innere Uhren» unseren Lebensrhythmus bestimmen. Manche dienen dabei ganz kurzfristigen Prozessen (Millisekunden bis Sekunden), andere mittelfristigen (Sekun-

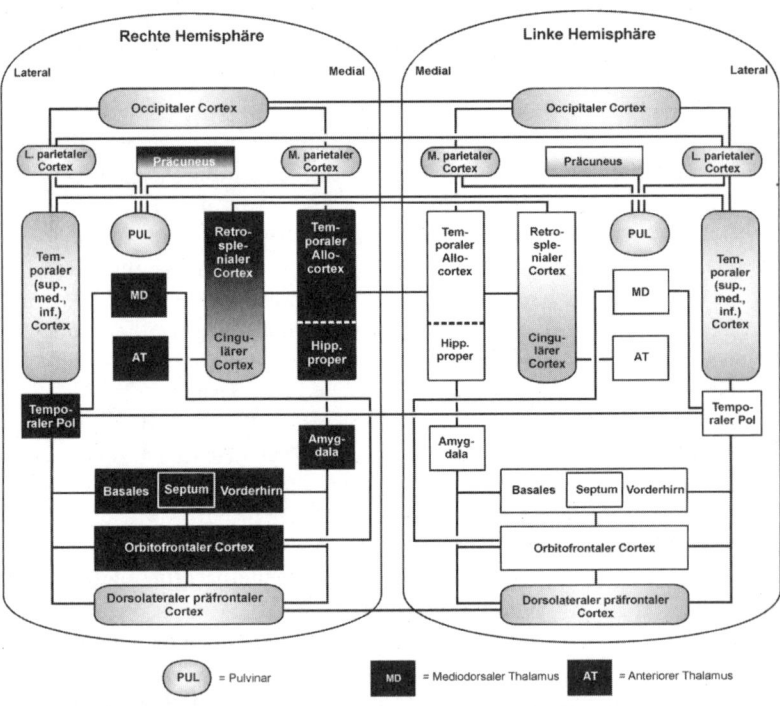

Abb. 12: Strukturen der rechten und linken Hirnhälfte, die mit dem Abruf von Information befasst sind. Limbische Strukturen der rechten Hirnhälfte sind prinzipiell für den Abruf autobiographisch-episodischer Information zuständig, während homologe Strukturen der linken Hemisphäre für den Abruf aus dem Wissenssystem essentiell sind (modifiziert nach Fig. 3 von Markowitsch, 2003b). Hirnstammstrukturen wie z. B. das Kleinhirn sind nicht berücksichtigt.

den, Minuten, Stunden) und wieder andere langfristigen ($\geq$ Stunden). Daraus und in Interaktion mit der biologischen, sozialen und kulturellen Umwelt entwickeln sich dann auch bewusste Reflexionen über die Dauer von Gegenwart, Vergangenheit und Zukunft. Bouman und Gruenbaum (1929) haben drei Ebenen des Zeitbewusstseins unterschieden – die *Chronognosie* als unreflektierte, immanente Erfahrung der Zeit, die *Chronologie*, bei der die innere Geschichte (Historie) mit der äußeren verglichen wird und die *Chronometrie* als vollkommen objektive Zeit oder Zeitmessung (s. Kap. 3.2). Heutzutage sind wir daran gewöhnt, mentale Zeitreisen durchzuführen, die uns vergangene Ereignisse zurückholen oder erwartbare (zukünftige) vor Augen führen (bidirektionaler Zeitstrahl; s. Abb. 3). Diese Fähigkeit wird jedoch erst im Laufe der ersten Lebensjahre erworben und ist an die konzertierte Aktion einer Reihe von Hirnregionen gekoppelt (Abb. 12; Markowitsch, 2003b).

Beziehungen zwischen Raum und Zeit kommt dabei eine besondere Bedeutung zu. Sie ist auch dadurch bedingt, dass dafür jeweils ähnliche Hirnregionen rekrutiert werden – Stirnhirnanteile, Scheitellappenregionen, die Hippocampusformation (vgl. Abb. 12) und zusätzlich die Kleinhirnrinde (Gloning et al., 1955; Payk, 1979; Singer, 1995). Tulving und ich (1998) haben beispielsweise für den Hippocampus einen Funktionswechsel *(functional shift)* beschrieben: Bei der Ratte steuert der Hippocampus vorwiegend räumliche Funktionen, bei den Primaten hingegen zeitliche. Deswegen rekonstruieren Ratten im Schlaf vor allem die Räume, die sie tagsüber durchwandert haben (Fischer et al., 2005), während wir als Menschen unseren Tagesablauf episodenhaft Revue passieren lassen (Stickgold & Walker, 2005). Da wir uns nach mehrstündigem Nachtschlaf gleichwohl wieder zeitlich orientieren können, sprechen manche Wissenschaftler von einer unserem Gehirn innewohnenden «Kopfuhr», worunter sie diejenigen zentralen (vom Zwischenhirn gesteuerten) Eigenfrequenzen verstehen, die den Tiefschlaf überdauern. Für die Existenz einer Kopfuhr sprechen folgende psychologische, experimentelle Ergebnisse:

a) Wacht die Person zufällig auf, ist sie in der Lage, sowohl bei Tag als auch besonders bei Nacht, die Stunde, zu der dies geschieht, richtig anzugeben.

b) Zu einem willkürlichen oder durch Gewohnheit bestimmten Zeitpunkt gelingt ein auf die Minute genaues Erwachen.

c) Unabhängig von der gewählten Stunde und selbst unter posthypnotischer Suggestion findet das Erwachen in der Mehrzahl der Fälle zum gewünschten oder vorsatzgemäßen Zeitpunkt statt.

Die Kopfuhr scheint zentral für unser Gedächtnis zu sein, da es von Störungen der Zeitwahrnehmung negativ beeinflusst wird. So kann es zu Verkürzungen oder Verlängerungen der Zeitwahrnehmung kommen – man spricht von Zeitraffer- und Zeitdehnungs- oder Zeitlupenphänomenen. Darüber hinaus kann es zu so genannten Zeitgitterstörungen («Chronotaraxis») kommen, bei denen Patienten die Tages- oder Jahreszeit nicht mehr korrekt angeben können, sowie zu gnostischen Zeitsinnesstörungen, der Unfähigkeit der zeitlichen Einordnung von Erlebnissen (was war davor, was danach?).

Bei Patienten mit Zeitdehnungsstörungen kann das Zeitbewusstsein im Einzelfall von 30 auf 3 Jahre schrumpfen. Dabei bleibt allerdings jedes Ereignis in seiner chronologisch richtigen Abfolge erhalten, es ist lediglich zehnfach geschrumpft im Vergleich zur wirklichen Zeitdauer. Ein Patient meinte: «Zwischen dem Pflücken von Brombeeren und dem Pflücken von Brombeeren liegt ein Jahr. Plötzlich bemerkte ich jedoch, dass zwischen dem letzten und dem jetzigen Pflücken nur zwei Monate vergangen waren.» Als man ihn fragte, ob die Stunden in seiner Empfindung nach wie vor gleich lang wären, antwortete er: «Das ist, wie man denken muss. Dies wird von denen angenommen, die die Zeit verstehen. Ich verstehe die Zeit nicht …» Ein anderer Patient sagte, er könne sich hinsichtlich seiner Zeitwahrnehmung nur auf seine Uhr verlassen, aber selbst von ihr nehme er an, sie gehe falsch. Hier hat die Diskrepanz der Wahrnehmung von internem und externem Zeitfluss zu einem Misstrauen selbst gegenüber den externen Zeitgebern geführt.

Was bei Patienten im Extremzustand auftritt, findet sich auch bei jeder normalen Person: eine persönlich bedingte (und wahrscheinlich vererbte) Verarbeitungsgeschwindigkeit, die sich allerdings unter Einnahme von Drogen oder Giftstoffen (Meskalinrausch, «mexikanische Pilze», LSD) verändern kann. Andere Zustände, bei denen es zu Modifikationen der Verarbeitungsgeschwindigkeit kommen kann, sind epileptische Auren (Vorzeichen für epileptische Anfälle) und die oben bereits erwähnten Nahtoderlebnisse. Reinhold Messner (1998; S. 38) hat sie präzise beschrieben und dabei auch die enorm gesteigerte Geschwindigkeit und Intensität von Wahrnehmung und Erinnerung in diesem Zustand betont:

> Bei der großen Mehrzahl der Verunglückten – wohl bei 95% – ergeben sich, unabhängig vom Grade ihrer Bildung, *durchaus die gleichen Erscheinungen, nur graduell etwas verschieden empfunden.* Angesichts des Todes durch *plötzlichen Unglücksfall* tritt bei fast allen *der gleiche geistige Zustand* ein ... Er lässt sich kurz wie folgt charakterisieren – Es wird *kein Schmerz* empfunden, *ebenso wenig lähmender Schreck ... Keine Angst, keine Spur von Verzweiflung, keine Pein*, vielmehr ruhiger Ernst, tiefe Resignation, beherrschende geistige Sicherheit und Raschheit. Die *Gedankentätigkeit* ist enorm, wohl auf die hundertfache Geschwindigkeit oder Intensität *gesteigert*, die Verhältnisse wie die Eventualitäten des Ausganges werden weit hinaus *objektiv* klar überblickt, *keinerlei Verwirrung* tritt ein. Die Zeit erscheint sehr verlängert. Man handelt blitzschnell und überlegt richtig. In zahlreichen Fällen folgt ein *plötzlicher Rückblick in die ganz eigene Vergangenheit* ... Dann *erlischt das Bewußtsein schmerzlos* – gewöhnlich im Momente des Aufschlagens, das aber höchstens noch gehört, niemals schmerzend gefühlt wird. Von den Sinnen erlischt wahrscheinlich das Gehör zuletzt.

Insbesondere österreichische Nervenärzte haben in den fünfziger Jahren des letzten Jahrhunderts auf Zeitdehnungsphänomene bei Absturzerlebnissen hingewiesen (zitiert in Markowitsch, 2004) und die These vertreten, dass in derartigen Situationen Bilder in einer Frequenz von 150 bis 200 Hz ablaufen können. Das ist rasend schnell, wenn man sich vergegenwärtigt, dass die theoretisch mögliche (aber praktisch so gut wie nie erreichte) maximale Feuerrate einer Nervenzelle unter 1000 Hz liegt. Da normalerweise sehr hohe neuronale Feuerraten nur in der Peripherie des Nervensystems auftreten, in diesen Zuständen aber mit großer Wahrscheinlichkeit Neurone des Assoziationscortex aktiv sind, ist dieser Wert erst recht außerordentlich hoch. Erstaunlich ist auch, dass bei derartigen zeitverzerrten Erinnerungen die Erinnerungsbilder als solche logisch und geordnet bleiben; Schädigungen in Stirnhirnbereichen und im Zwischenhirn können hingegen zu Verzerrungen führen. So kann es zur Vervielfachung (Reduplikation) von Zeit und zu *Déjà-vu*-Erlebnissen (Empfindung des schon einmal Wahrgenommenen oder Erlebten; Bekanntheitsillusion) kommen, manchmal auch zum *Jamais-vu*-Effekt, bei dem bekannte (familiäre, allgegenwärtige) Ereignisse nicht als solche erkannt werden («Ich weiß, es war mein Zimmer, aber meinem Gefühl nach habe ich es noch nie gesehen»). Derartige Fehlerinnerungen, verbunden mit dem Gefühl, die Zeit stehe still, sei eingefroren oder sei unendlich, ewig, sind etwa für Patienten mit bestimmten Formen von Schizophrenie charakteristisch. Manchmal erscheint die Zeit in neuer Dimension – ein Patient, der die Zeit als Ewigkeit verstand, meinte, sowohl an dem Ort zu sein, an dem er sich tatsächlich befand, als gleichzeitig auch in einer anderen Dimension.

Diese Beispiele und Phänomene beleuchten, dass Bewusstsein, insbesondere im Sinne der Fähigkeit, Erlebnisse zeitgerecht zu verarbeiten, chronologisch zu speichern und abzurufen sowie sie in ihrer Dauer und in ihrem zeitlich-räumlichen Kontext zu repräsentieren, eine wesentliche Voraussetzung für ein intaktes autobiographisches Gedächtnis ist. Zeit beruht auf Erfahrung (insbesondere mit konventionellen Zeiteinheiten), auf Reflexion und auf dem Bewusstwerden und Bewusstmachen von Ereignissen; sie ist die Kerndimension für eine erfolgreiche Bearbeitung autobiographischer Gedächtnisinhalte. Hirnschäden können dieses Zeitbewusstsein schwer und nachhaltig beeinträchtigen (McCarthy & Hodges, 1995; Corkin, 2002; Markowitsch, 2008a).

3.5 Einspeichern

Informationsaufnahme geschieht zuerst über die Empfindungen, die in unsere Sinneskanäle eingehen, und anschließend über deren subjektive Aufnahme und Interpretation – Wahrnehmung genannt. Anschließend erfolgt die initiale Einspeicherung des neu Aufgenommenen. Diese geschieht in Abhängigkeit von Aufmerksamkeitsprozessen: was unsere Aufmerksamkeit erregt, wird bewusst verarbeitet, was keine Beachtung findet, geht entweder verloren oder wird unbewusst eingespeichert. Wir haben es demnach mit zwei grundsätzlichen Verarbeitungsmodi zu tun – impliziten und expliziten Verarbeitungsprozessen. Auf sie wird im nächsten Kapitel unter den ihnen zuzuordnenden Gedächtnissystemen eingegangen.

Grundsätzlich erfolgt die Einspeicherung von Information dadurch, dass neue Information mit alter, schon vorhandener verglichen wird. Was bekannt ist, erfährt weniger Beachtung und Aufmerksamkeit, wird schnell abgehakt. Neuartiges wird dagegen intensiver analysiert und, wenn möglich, mit ähnlichem, schon vorhandenem Wissen verbunden. Dieser Prozess wird als Bindungsvorgang *(binding process)* bezeichnet. Bindung bedeutet die Verbindung von Dingen, die erst einmal nebeneinander existieren – sozusagen als einzelne, «unverbundene» Elemente –, denen man aber aufgrund der Erfahrung mit ähnlichem Reizmaterial einen Sinn geben kann. Auf diese Weise verbindet man beispielsweise einen Angstschrei mit dem dazugehörigen angstvoll blickenden Gesicht eines Menschen (Dolan et al., 2001). Eine bedeutende Vorstellung, wie sich Bindungsprozesse auf Hirnebene vollziehen, wurde vor allem von Wolf Singer entwickelt und verfeinert. Singer und andere Autoren (z. B. Hoffman et al., 2007) nehmen an, dass Oszillierungsprozesse in der Hirnrinde zu zeitgleichen Neuronenaktivierungen im Bereich von 40 Hz und darüber führen (Singer, 2001). Dadurch werden die neu eingespeicherten Inhalte mit den alten synchronisiert, ähnlich wie die Kupplung beim Fahrzeuggetriebe die Drehzahlen bei Schaltvorgängen einander angleicht und so eine ruck- und störungsfreie Weiterfahrt ermöglicht. Obwohl

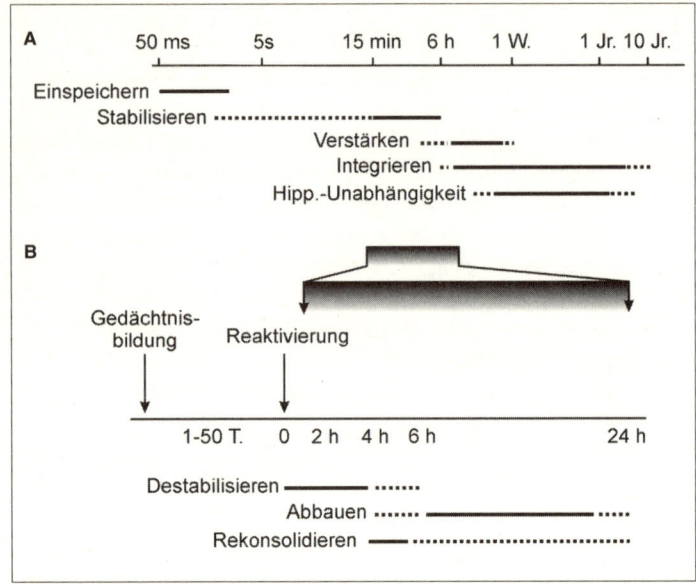

Abb. 13: Vorstellung zum zeitlichen Ablauf der Einspeicher- und Konsolidierungsprozesse nach Fig. 2 von Stickgold und Walker (2005) (logarithmische Skala). Diese Autoren setzen sich primär mit Festigungsprozessen von Gedächtnisinformationen während des Schlafs auseinander. Sie gehen zu Anfang (A) von mehreren automatisch ablaufenden Schritten der Einspeicherung aus (unabhängig von inneren Wiederholungsschleifen, Intention oder Gewahrsein) und vertreten das konventionelle Modell der Gedächtnisablagerung (Squire & Knowlton, 2000; s. auch McClelland et al., 1995, und Noulhiane et al., 2007), das zu Anfang von einer Speicherung in der Hippocampusformation (in der Abb. als «Hipp.» abgekürzt) ausgeht, aber später eine von dieser Struktur unabhängige neocorticale Repräsentation annimmt. Andere Autoren, wie Morris Moscovitch, sehen die Hippocampusformation als lebenslang involviert (Moscovitch & Nadel, 1998). In B werden Vorstellungen zu Gedächtnisreaktivierung und -rekonsolidierung skizziert. Es wird angenommen, dass die Reaktivierung von Gedächtnisinhalten diese wieder destabilisieren kann. Diese Annahme stimmt mit der Vorstellung überein, dass Gedächtnis immer zustandsabhängig ist und ein erneuter Abruf eine Neueinspeicherung und Festigung entsprechend der jeweils neu gegebenen Situation und der neuen Umfeldinhalte zur Folge hat. Wird die erneute Einspeicherung (Rekonsolidierung) blockiert, kann dies zum Abbau der ehemals eingespeicherten Inhalte führen. Gepunktete Linien (anteile) beziehen sich auf hypothetisierte oder variable Verarbeitungsperioden.

diese Vorstellung sehr einleuchtend ist, ist sie noch wenig verstanden und wird deswegen in vielen Richtungen diskutiert, insbesondere auch dahingehend, welche Hirnprozesse und Hirnregionen dabei aktiviert werden und von welchen Zeitvorstellungen man ausgehen sollte (z. B. Piekema, 2007; Roskies, 1999).

Was die bewusste Einspeicherung von Information angeht, so gehen die meisten Autoren von einem sehr kurzen Einspeicherprozess aus, der im Bereich weniger Sekunden liegt und damit in etwa dem des schon weiter oben spezifizierten Kurzzeitgedächtnisses entspricht. Nachfolgend kommt es in Interaktion mit den stattfindenden Bindungsprozessen zu einer weiteren Festigung des neu Aufgenommenen – dem Konsolidierungsprozess (Abb. 13).

3.6 Gedächtniskonsolidierung

Unter Gedächtniskonsolidierung oder Gedächtnisfestigung versteht man die weitere Etablierung von kürzlich eingespeicherten oder von erneut abgerufenen Inhalten. Der Prozess der Konsolidierung wird auf der Ebene des Gehirns mit biochemischen Prozessen in Verbindung gebracht, die zu Änderungen in der Zellmorphologie führen. Hierzu zählen die Ausbildung neuer Verknüpfungen zwischen Neuronen, die Erweiterung bestehender Verbindungen (etwa durch Erhöhung oder Vermehrung von Kontaktflächen zwischen Synapsen und dendritischen Dornen; Abb. 14). Man stellt sich vor, dass die Information in entsprechende Neuronennetze eingelagert ist; dabei spielen vermutlich auch bestimmte Aktivitätsmuster in den Nervennetzen eine Rolle, um die jeweilige Information zu repräsentieren (Bartlett & John, 1973; John, 1972; Markowitsch, 1985, 1988) (Abb. 14).

Die angegebene Dauer der Gedächtniskonsolidierung fällt abhängig von Methode, Lernmaterial und dem Untersuchungsobjekt (Mensch, Säugetier oder Wirbelloser) sehr unterschiedlich aus. Die Zeitspanne reicht von Sekunden und Minuten bis hin zu Jahren, wobei Tierversuche eher für eine kurze Dauer sprechen, die im Bereich von Stunden bis hin zu ein, zwei Tagen liegt (Mondadori et al., 1991). Gleiches gilt für einfache visuelle

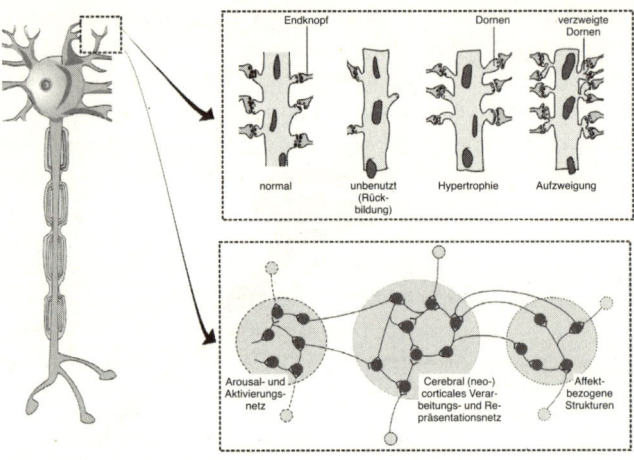

Abb. 14: Benutzungsabhängige Hyper- bzw. Hypotrophie von dendritischen Dornen an Nervenzellen. Zum Vergleich ist eine Nervenzelle mit Axon und Dendriten gezeichnet. Des Weiteren ist unten eine Vorstellung skizziert, wie Information auf Hirnebene verankert ist. Es wird davon ausgegangen, dass ein zentrales corticales Netz mit einem Netzwerk im Hirnstamm und einem limbisch-affektbezogen arbeitenden System interagiert (vgl. Markowitsch, 1988).

Lernvorgänge (Fahle, 1994; Karni & Bertini, 1997; Dudai 1996, 2004). Geht man zu komplexeren Lernstudien an Primaten über, werden Wochen (Zola-Morgan & Squire, 1990), in Einzelfällen sogar Jahre für den Konsolidierungsprozess postuliert (Rempel-Clower et al., 1996; Schmidtke & Vollmer, 1997). Immer wieder werden in diesem Zusammenhang auch Transformationsprozesse ins Spiel gebracht, die ein Wandern von einer Hirnregion zur nächsten bedingen. Der Ausgangspunkt wird dabei meistens im Hippocampus lokalisiert (z. B. Izquierdo & Medina, 1997). Der Hippocampus ist wohl die bedeutendste alte Cortexregion im limbischen System. Das limbische System besteht aus alten Hirnregionen, die vorwiegend mit der Verarbeitung von Emotion und Gedächtnis zu tun haben und die zum Teil zu phylogenetisch alten corticalen Regionen – Hippocampus, cingulärer Cortex, Regionen im Schläfenlappen, die

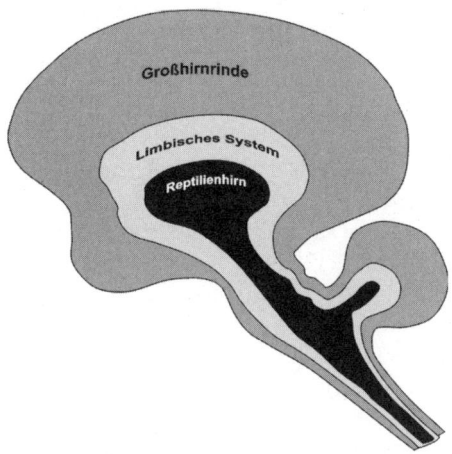

Abb. 15: Die Lage des limbischen Systems in einer schematischen Ansicht durch die Mitte eines Säugergehirnmodells. Man sieht, dass das limbische System als Bindeglied zwischen dem Neocortex (dem phylogenetisch neuen sechsschichtigen, im Unterschied zum alten limbischen Cortex, dessen Anteile aus 3, 4 oder 5 Schichten bestehen) und dem Hirnstamm eingebettet liegt, der lebenswichtige Funktionen regelt und steuert.

an den Hippocampus angrenzen – gehören, zum Teil zu Regionen im Zwischenhirn, d.h. Kernen im Thalamus und Hypothalamus (Abb. 7 und Abb. 15). Die limbischen Strukturen sind untereinander über bedeutende Fasersysteme vielfältig vernetzt (s. Abb. 24 weiter unten).

Einen wichtigen Beitrag zur Diskussion der Bedeutung des Konsolidierungsprozesses scheint mir Dudai (1996) geleistet zu haben. In seiner Übersicht zählt er eine Reihe von Vorzügen eines graduell ablaufenden Konsolidierungsprozesses auf: Systemimmanentes «Rauschen» wird vermindert, die Möglichkeiten kombinatorischer Plastizität werden verstärkt, multiple Inputs lassen sich besser selektieren, so dass inkonsistente Materialien und solche, die möglicherweise Konfusionen verursachen, eliminiert werden können. Weiterhin ermöglicht ein länger andauernder Konsolidierungsprozess eine bessere Kategorisierung von Information und damit eine kohärentere, effektivere und sparsamere Konstruktion der Welt. Gleichwohl scheint Dudai eher an Stunden (bis maximal Tage) der Konsolidierungsperiode zu denken, was zumindest für die erstmalige Konsolidierung plausibler erscheint als ein wochen- bis jahrelanger Prozess. Andererseits ist es auch glaubhaft, dass jeder erneute oder jeder innerhalb der Konsolidierungsperiode geschehene Abruf den Konsolidierungsvorgang neu startet, was dann zu dessen beträchtlicher Verlängerung führen kann (Dudai & Eisenberg, 2004; Shulz, 2000).

Trotzdem bleiben die Forschungsergebnisse zur Konsolidierungsdauer bis heute widersprüchlich. Für einen kurzen Konsolidierungsprozess sprechen die folgenden beiden Studien: Shadmehr und Holcomb (1997) haben mittels dynamischer Bildgebung nachgewiesen, dass es sechs Stunden nach Aneignung einer motorischen Fertigkeit zu einer Verlagerung aktiver Hirnregionen vom präfrontalen Cortex zu prämotorischen und posterioren parietalen Regionen sowie zum Kleinhirncortex kommt, ohne dass sich die Fertigkeitsausführung verändern würde. Daraus lässt sich auf einen eher kurzen Konsolidierungsprozess schließen. Ebenso wiesen Gleissner et al. (1997) nach, dass Patienten mit Epilepsie, deren sprachdominante Hirnhälfte nach Natriumamytalgabe elektrophysiologisch für 5 bis 15 Minuten «ausgeschaltet» war, dennoch sprachliche Information behalten hatten, die ihnen zum Teil vor weniger als einer Minute dargeboten worden war. Auch dies spricht für eine recht kurze Konsolidierungsphase oder dafür, dass es sozusagen unterschiedlich komplette Konsolidierungskopien geben könnte, vergleichbar etwa verschieden stark differenzierten Hologrammbildern. Umgekehrt finden sich Hinweise auf außergewöhnlich lange Konsolidierungszeiten in den folgenden Einzelfallbeschreibungen: O'Connor et al. (1997) hatten einen Patienten mit Temporallappenepilepsie und paraneoplastischer Encephalitis, der Information stunden- bis tagelang behielt, aber weit überdurchschnittlich schnelles Vergessen bei noch längeren Zeitabschnitten zeigte. Gleiches findet sich bei den Patienten von Kapur et al. (1997) und von Markowitsch et al. (1999b). Die Patientin von

Markowitsch et al. behielt – je nach Fülle des Informationsmaterials – frisch gelernte Information über ein bis vier Stunden, vergaß sie dann aber radikal, so dass sie jeden Morgen orientierungslos vor ihrem Dasein stand (Abb. 16).

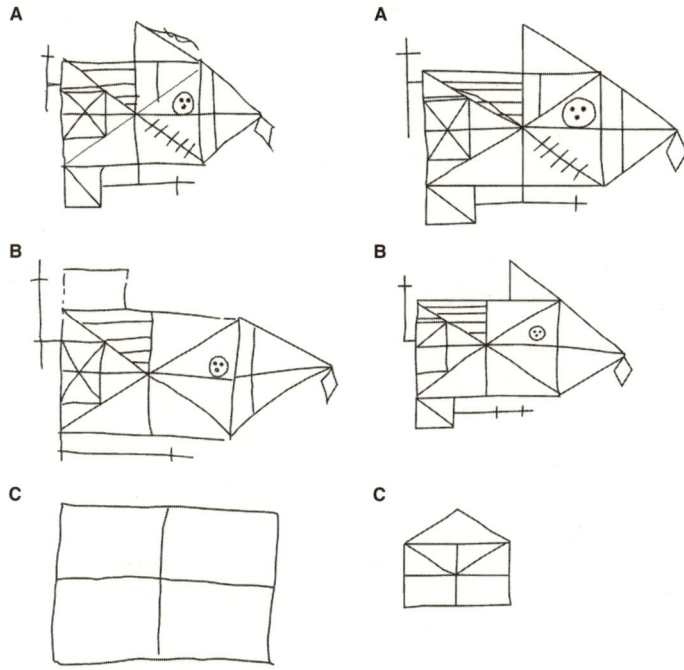

Abb. 16: Leistung der Patientin mit anterograder psychogener Amnesie 3 und 5 Jahre (linke bzw. rechte Bildhälfte) nach Amnesiebeginn beim (A) Abzeichnen der Rey-Osterrieth-Figur und beim Reproduzieren nach einer halben (B) und einer vollen Stunde (C). Die Rey-Osterrieth-Figur wird gewöhnlich als nichtverbale Gedächtnistestaufgabe verwendet. Hätte man die Patientin nur nach 30 Minuten getestet – wie dies normalerweise üblich ist –, hätte man geschlossen, sie habe ein überdurchschnittliches Gedächtnis. So aber zeigte sich, dass sie bei entsprechender kognitiver Forderung sogar innerhalb einer Stunde in ihrer Gedächtnisleistung stark abbaute. Wie man durch Befragen feststellte, erinnerte sie sich nach einer weiteren Stunde nicht einmal mehr daran, den Test überhaupt gemacht zu haben (Markowitsch et al., 1999b).

Zusammenfassend lässt sich sagen, dass wir bezüglich der Determinanten, die die Zeitdauer der Gedächtniskonsolidierung bestimmen, und der auf Hirnebene ablaufenden Prozesse (McGaugh, 2000, 2002) noch recht unwissend sind. Lediglich hochgradig emotionale Ereignisse scheinen sich fast augenblicklich ins Gedächtnis einzubrennen (Markowitsch 1994; McGaugh 2000, 2002). Dass möglicherweise über die Zeit hin unterschiedliche Versionen von frisch und weniger frisch gespeichertem Material existieren, machen Ergebnisse deutlich, die den Abruf von visuellem oder verbalem Material nach unterschiedlich langen Epochen – vom Einspeicherzeitpunkt aus gemessen – untersuchten (s. Kap. 3.8).

3.7 Gedächtnisablagerung: Netzwerk, Hologramm oder Mosaik?

Wie kommt die Information ins Gehirn? Zuallererst fällt einem die Wachstafelanalogie der alten Griechen ein – Engramme als eingeritzte Abdrücke auf der Hirnrinde. Tatsächlich wäre eine eindeutige Erklärung nobelpreisverdächtig. Man weiß nur, Information muss ins Gehirn gelangen, um später reproduziert werden zu können. Und man vermutet, wie schon oben beschrieben (vgl. Abb. 14), dass Veränderungen in der Morphologie (und eventuell der Genausstattung) der Nervenzellen das Hirnkorrelat hierfür bilden. Nicht bekannt und deswegen kontrovers diskutiert wird hingegen, inwieweit dafür lokale Hirnregionen wichtig sind oder ob etwa alle Information nahezu überall im Gehirn zu finden ist. Die unterschiedlichen Vorstellungen gehen mit der seit weit über hundert Jahren geführten Debatte einher, ob sich Funktionen im Gehirn eng umgrenzt lokalisieren lassen (Lokalisationstheorie; Mosaikvorstellung) oder ob Information an ganz unterschiedlichen Stellen im Gehirn gleichermaßen repräsentiert ist (Anti-Lokalisationstheorie; Hologramm- oder ganzheitliche Vorstellung; Markowitsch, 1988, 1992). Die neurologische Tradition tendiert mehrheitlich zu enger Lokalisierbarkeit und stützt sich dabei auf entsprechende Hirnkarten, wie sie etwa Karl Kleist (1934) entworfen hat (Abb. 17). Die

Gegenseite betont das Redundanzprinzip, die Mehrfachrepräsentation von Funktionen sowie die «Gestalthaftigkeit» der Informationsverarbeitung – nach dem Motto: «Das Ganze (= die Gestalt) ist mehr als die Summe seiner Teile.» Ein weiteres Argument ist das Diskonnektionssyndrom. Bei diesem Beschwerdebild können die an unterschiedlichen Orten im Gehirn liegenden Regionen nicht mehr synchron agieren, da an entscheidender Stelle Verbindungen unterbrochen wurden. Noch stärker für die Anti-Lokalisationsrichtung sprechen Ergebnisinterpretationen von Karl Lashley (1929). Er meinte, dass das Verhalten umso stärker beeinträchtigt sei, je mehr Hirn- oder Hirnrindenmasse beschädigt sei. Aus dieser Einsicht entwickelte er sein «Massenaktionsprinzip» und sein «Äquipotenzprinzip». Das erste besagt, dass die Masse des geschädigten Hirngewebes, nicht aber sein Ort, für die Funktionsausfälle relevant sei. Das Äquipotenzprinzip betont dementsprechend, dass an verschiedenen Orten gelegene Hirnregionen gleichermaßen zur Steuerung eines Verhaltens befähigt seien. Kritisieren kann man, dass Lashley zu seinen Erkenntnissen kam, weil er einfach auf der Ordinate die Anzahl der Fehler abtrug und auf der Abszisse das Ausmaß der geschädigten Hirnrinde in Prozentangaben (Abb. 18). Nun kann aber ein komplexes Verhalten, vergleichbar einer Diskriminationslernaufgabe in einem Labyrinth, aus ganz unterschiedlichen Gründen zu Fehlern führen: Ein Tier kann nach einer Hirnschädigung seine Umgebung nur unvollkommen wahrnehmen, es kann Schwierigkeiten haben, sich fortzubewegen, es kann über eine nur noch mangelhafte Aufmerksamkeits- und Konzentrationsfähigkeit verfügen, es kann nicht mehr ausreichend motiviert sein oder vermag nicht mehr die kognitive Vorausschau oder die intellektuelle Leistung zu vollbringen, die mit der erfolgreichen Bewältigung des Paradigmas verbunden ist. Da mehrere dieser Fehlfunktionen mit zunehmender Schädigung verschiedener Hirnorte zusammenkommen können, kann es zu einer Addition, möglicherweise sogar zu einem exponentiellen Anstieg der Fehler kommen, wie es die in Abbildung 18 dargestellte Kurve von Lashley zum Ausdruck bringt. Insofern stehen die Prinzipien von Äquipotenz und Massenaktion auf sehr wackeligen Beinen. Trotzdem verteidigte sie nicht nur Lashley (1950) selbst gut 20 Jahre nach Erscheinen seines Buches (1929), sondern auch spätere Forscher, die mit elektrophysiologischen Techniken arbeiteten, traten weiterhin (Bartlett & John, 1973; John et al., 1987) dafür ein. Andere Autoren, wie Pribram (z. B. Pribram, 1986; Pribram, Spinelli & Kamback, 1967), machten für ihre Hypothese zur Engrammablagerung Anleihen aus der Physik, basierten sie aber auch auf Ergebnissen, die sie mit elektrophysiologischen Methoden gewonnen hatten. Pribram meint, dass Information hologrammartig im (Zentral-)Nervensystem gespeichert sei, was nichts anderes heißt, als dass die Information prinzipiell an jeder Stelle des Gehirns präsent ist. Pribrams Ansicht mag grundsätzlich Gültigkeit haben, sie ist aber in ihrer Extremversion nicht haltbar (dies wird deutlich, wenn man sich vorstellt, dass bei einer konsequenten Auslegung von Pribrams Hypothese das Gedächtnis für einen bestimmten Geruch auch in den Ganglienzellen der Retina präsent sein müsste).

Die Ablagerung der ins Langzeitgedächtnis gelangten Information erfolgt einerseits weitflächig, andererseits begrenzt inhaltlich spezifisch. Unsere bewussten Gedächtnisinhalte werden wohl vor allem in den multimodalen Assoziationsgebieten des cerebralen Cortex abgelegt, wobei es möglicherweise für definierte Inhalte auch bestimmte Regionen gibt. So weiß man, dass belebte Objekte nach sehr fokalen Hirnschäden nicht mehr abrufbar sind (Daniele Zannino et al., 2006; Laiacona et al., 2000) oder dass es Regionen gibt, die speziell auf die Kodierung von Gesichtern ausgerichtet zu sein scheinen (Abe et al., 2007; Boehm et al., 2006; Chiaravalloti & Glosser, 2004; Hofer et al., 2007; Rolls, 2007). Für emotional besetzte Erinnerungen können auch limbische Hirnregionen herangezogen werden, für Routineprozeduren die Basalganglien (Knowlton et al. 1966; Thompson & Kim, 1996) und für unbewusst verarbeitete

Abb. 17: Die funktionelle Hirnkarte nach Kleist (1934). Auf der Basis von tausenden schuss- und schrapnellverletzter Veteranen des Ersten Weltkriegs fertigte Karl Kleist auf der Basis der zytoarchitektonischen Hirnkarte von Brodmann (1909) diese Kartierung von Funktionen an, die durch einzelne Areae der menschlichen Hirnrinde gesteuert oder kodiert werden.

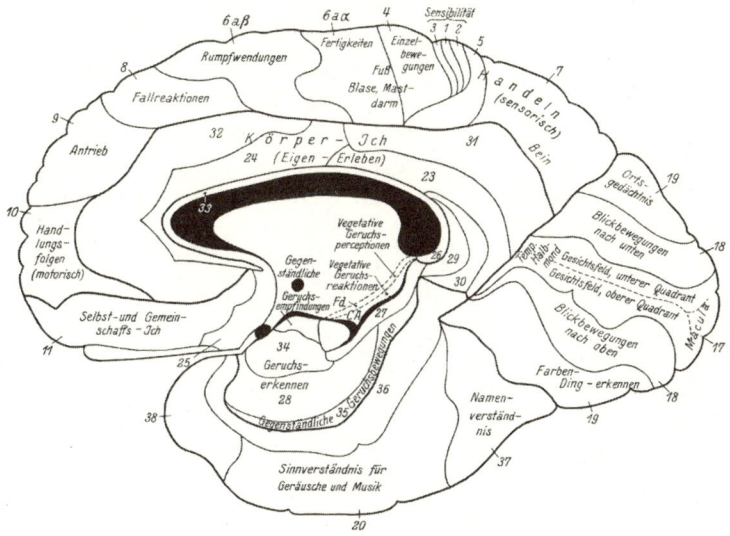

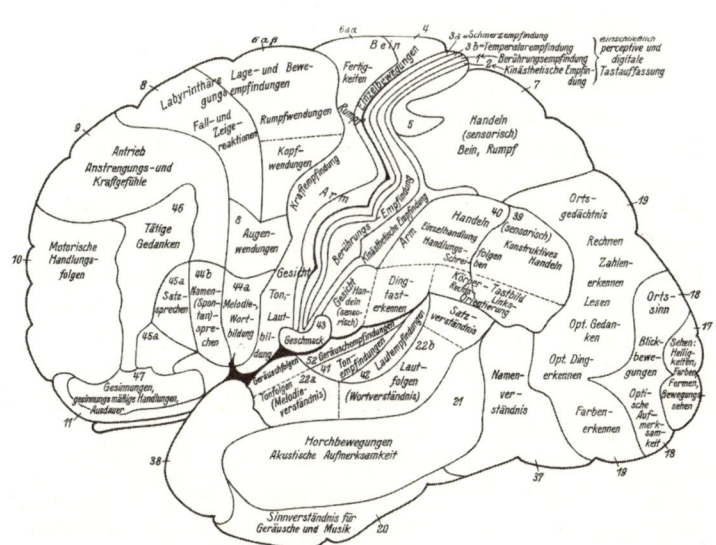

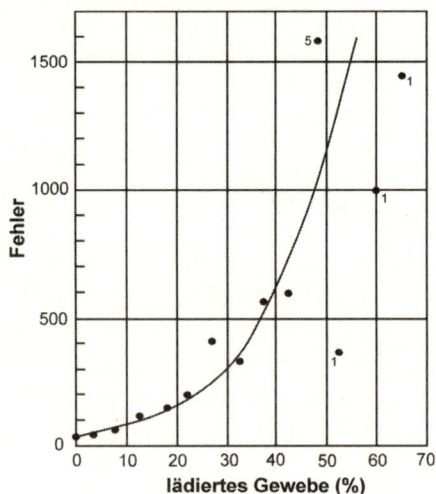

Abb. 18: Beziehungen zwischen Hirnschadensausmaß und Fehlerquote in Lern-
und Gedächtnistests nach Karl Lashley (1950).

Wahrnehmungen unimodale Hirnrindenanteile (unimodal = auf
ein Sinnessystem bezogen) (Buckner et al., 2000; Keane et al.,
1995; Ochsner et al., 1994), eventuell sogar schon subcorticale
Regionen (Slotnick & Schacter, 2006). Ob es dabei eine Hemisphärenspezifität gibt, muss sich in künftiger Forschung zeigen,
erscheint aber wahrscheinlich. Die entsprechende Idee stammt
aus Beobachtungen an Einzelfällen mit selektiven Altgedächt-
nisstörungen sowie aus Untersuchungen mittels funktioneller
Bildgebung, die an Gesunden durchgeführt wurden (vgl. Markowitsch, 2006, 2007).
    Fasst man den gegenwärtigen Stand der theoretischen Dis-
kussionen und der insbesondere mit funktioneller Bildgebung
gewonnenen Ergebnisse zusammen, so findet sich – wie häufig
in den Neurowissenschaften – ein Sowohl-als-auch: Die Ablagerung von Information erfolgt einerseits lokal und begrenzt – zumindest in der Weise, dass die Schädigung eines Hirnortes den
Abruf des gespeicherten Materials unterbinden kann. Auf der

anderen Seite finden sich Argumente für den anti-lokalisationistischen Ansatz: Patienten können Hirnschäden haben, die die verschiedensten Regionen und Strukturen betreffen, und dennoch gehen bestimmte Kenntnisse nicht selektiv verloren – man erkennt seine Verwandten und ist in der Regel imstande, auch Dinge und Objekte zu identifizieren; selbst das Gefühl, etwas zu kennen oder seine Funktion zu erinnern (Familiaritätsgefühl), bleibt regelhaft erhalten. Es gibt keine Beispiele dafür, dass man nach einer Hirnschädigung selektiv eine Automarke nicht mehr kennt oder selektiv die Erinnerung an die Großmutter mütterlicherseits ausgelöscht ist. Einen Ansatz wie den, dass es einzelne Nervenzellen geben müsste, die beispielsweise für gelbe und rote VW-Käfer spezifisch aktiv sind, hat man bereits vor Jahrzehnten verworfen.

3.8 Abrufen

Dynamik und Zustandsabhängigkeit unseres Gedächtnisses bedingen natürlich auch einen zustandsabhängigen Abruf. Dieser variiert abhängig sowohl von der Stimmung, in der sich die Person befindet, als auch von der zwischen Einspeicherung und Abruf vergangenen Zeit. Außerdem hängt die Abrufmöglichkeit bzw. -güte vom Fehlen oder Vorhandensein ähnlicher Informationen ab, was, je nachdem, zu besserer oder schlechterer Assoziationsbildung bzw. zu einem geringeren oder höheren Grad der Interferenz führen kann. Darüber hinaus spielen natürlich noch viele weitere Persönlichkeits- und Umfeldvariablen eine Rolle – ob es sich um ein junges oder altes Gehirn handelt, ob die betreffende Person entspannt oder gestresst ist.

Peggy St. Jacques und Mitarbeiter (2008) fanden heraus, dass abhängig vom Faktor Zeit unterschiedliche Abrufprozesse und auch unterschiedliche Hirnregionen aktiv sind. Sie ließen Studenten über einen Zeitraum von mehreren Stunden Fotografien von verschiedenen Orten des Universitätscampus machen und untersuchten ihr Wiedererinnerungsvermögen am darauffolgenden Tag. Dabei veränderten sie die zeitlichen Abstände zwischen den Lokalitäten so, dass sie nicht mehr den relativen Zeit-

abständen entsprachen, zu denen sie am Vortag aufgesucht
worden waren. Sie legten z. B. zwischen zwei benachbarten und
damit kurz hintereinander aufgesuchten Orten einen längeren
zeitlichen Zwischenraum als zwischen zwei entfernt liegenden
(und damit auch zeitlich entfernt aufgesuchten). Es ergab sich,
dass bei den zeitlich kürzeren Abrufdistanzen eher rekonstruk-
tive Prozesse des Wiedererinnerns wirksam waren, bei den zeitlich längeren dagegen Familiaritätsprozesse. Dementsprechend
fanden sich für die kürzeren Distanzen vorwiegend Aktivierungen im linken Stirnhirn – im Parahippocampus und in Regionen, die mit visueller Vorstellung zu tun haben (Präcuneus, visueller Assoziationscortex) –, für die längeren hingegen vor
allem eine Aktivierung im rechten Stirnhirn. So zeigte die Studie, dass über die Zeit hin der Abruf von erinnertem Material
auf unterschiedlichen Prozessen basiert und dabei auch verschiedene Hirnregionen rekrutiert werden. Ist nur kurze Zeit
vergangen, werden in stärkerem Maße Kontextdetails erinnert,
und es wird ein «Erinnerungsbild» hervorgeholt, nach längeren
Zeitabständen verblassen Erinnerungsbild und Details.

Interessanterweise findet sich eine gleichartige Differenzierung, wenn es um die Unterscheidung zwischen wahren und
vermeintlich erinnerten Gedächtnisinhalten (Wortlisten) geht.
Kim und Cabeza (2007) konnten zeigen, dass das Vertrauen
in tatsächlich geschehene Erinnerungen Bereiche um den Hippocampus (mediale Schläfenlappenstrukturen) aktiviert, während das Vertrauen in Fehlerinnerungen frontoparietale Regionen aktiviert, die mit Familiarität befasst sind. In einer weiteren, ähnlichen Studie zeigten diese Autoren zusammen mit
Dennis (Dennis et al., 2007), dass die Fähigkeit zur Bildung
(Einspeicherung) wahrer Erinnerung mit zunehmendem Alter
abnimmt und nur dann gut gelingt, wenn dabei im Vergleich zu
jüngeren Personen weitflächiger Regionen im Stirnhirn rekrutiert werden.

Dieses letzte Beispiel unterstreicht wiederum, wie eng Ein-
speicher- und Abrufvorgänge gekoppelt sind (vgl. hierzu auch
Abb. 25). Dennoch scheinen die Hirnregionen, die für das Einspeichern wichtig sind, sich zumindest teilweise von denen zu

unterscheiden, die für das Abrufen von Bedeutung sind. Dies gilt insbesondere für komplexere Gedächtnisinhalte. Wir konnten in mehreren Studien zeigen, dass am Abruf autobiographischer Gedächtnisinhalte eine bestimmte Kombination von zwei eng miteinander verbundenen Regionen in der rechten Hirnhälfte zentral beteiligt ist – der untere, seitliche Stirnhirnbereich und der vordere Schläfenlappen (der inferolaterale präfrontale und der anteriore temporale Cortex). Wir fanden, dass einzelne Patienten, bei denen vorwiegend dieser Hirnbereich traumatisch geschädigt war, nicht mehr in der Lage waren, irgendwelche persönlichen Erlebnisse aus ihrer Vergangenheit wiederzugeben; darüber hinaus konnten sie auch weder ihre nächsten noch entfernte Verwandte in einen adäquaten Kontext setzen. So verbanden sie zwar beispielsweise mit ihrer Lebenspartnerin ein Bekanntheitsgefühl, konnten sich aber nicht daran erinnern (im Sinne einer bewussten Rekonstruktion), wie sie zu ihr standen und seit wann sie miteinander in welcher Form verbunden waren. Andererseits waren die Patienten entweder von vorn herein oder sehr schnell wieder in der Lage, Allgemeinwissen parat zu haben und in adäquaten Kontexten zu verwenden. Ihr Sozialverhalten und ihre Fähigkeiten, mit Routinen wie Lesen, Schreiben, Rechnen umzugehen, lagen im Normalbereich. Dieses Phänomen ließ sich an Patienten in Deutschland (Markowitsch et al., 1993a; Calabrese et al., 1996) wie auch in den USA (Kroll et al., 1997; Markowitsch & Ewald, 1997) beobachten.

Nachdem wir auf dieses Phänomen gestoßen waren, überprüften wir es mittels funktioneller Bildgebung, indem wir Studenten nach ihren Lebenserinnerungen befragten und sie diese dann anschließend, während sie im Positronenemissionstomographen oder im Kernspintomographen lagen, rückerinnern ließen (Fink et al., 1996; Markowitsch et al., 1997a, 2000b, 2003; Piefke et al., 2003). Hierbei zeigte insbesondere die mittels Positronenemissionstomographie (PET) durchgeführte Studie von Fink et al. eine Aktivierung, die vor allem die oben genannte Regionenkombination betraf. Inzwischen haben eine Reihe weiterer Arbeiten die Bedeutung dieses Gebietes, das über einen Faserzug, den Fasciculus uncinatus, wechselseitig verbunden ist, hervorgehoben. Insbesondere LaBar und Cabeza (2006) formulierten in ihrer Übersichtsarbeit, dass die von mir schon früh aufgestellte These, diese Gebietskombination fungiere als «Triggerregion», sich inzwischen vielfach bestätigt habe (Markowitsch, 1995).

3.9 Psychisch bedingte Abrufblockaden – dissoziative Amnesien

Interessanterweise – und mit weitreichender Bedeutung für theoretische Vorstellungen zur Arbeitsweise des Gehirns beim Abruf autobiographischer Gedächtnisinhalte – sind die Aktivitäten der oben definierten Triggerregion vermindert, wenn es zu psychisch bedingten Abrufblockaden der eigenen Biographie kommt (Markowitsch, 1999a, b; Markowitsch et al., 1999c). Dass der Zugang zu Gedächtnisinhalten auch dann beeinträchtigt sein kann, wenn keine direkt nachweisbare Gehirnschädigung vorliegt, ist jedem bekannt, der unter Stress einmal bestimmte Informationen rasch abrufen wollte – etwa den Nachnamen eines neuen Vorgesetzten bei der Begrüßung, einen schwierigen Prüfungsinhalt beim Examen etc. Ein Beispiel dafür ist das so genannte Zungenphänomen: Die richtige Antwort liegt einem auf der Zunge, aber der Zugang ist blockiert. Derartige Abrufblockaden sind seit alters bekannt und wurden schon vor der Psychoanalyse (Janet, 1894) und dann zu Beginn ihrer Blütezeit (Markowitsch, 1992) unter dem Oberbegriff der Hysterien beschrieben. Insbesondere Patienten, die in ihrer Kindheit oder Jugend schwerwiegende Stress- oder psychisch traumatisierende Erlebnisse hatten, neigen in späterem Lebensalter bei Konfrontation mit ähnlichen stresshaften Ereignissen (und bei Fehlen adäquater Copingstrategien) zu Gedächtnisblockaden, die ich als «mnestisches Blockadesyndrom» bezeichnet habe (Markowitsch, 2001, 2002; Markowitsch et al., 1999c; Reinhold & Markowitsch, 2007). Am eindrucksvollsten ist der Fall eines jungen Mannes, der im Alter von 23 Jahren im Keller seines Hauses zusammen mit seinem Freund den Ausbruch eines offenen Feuers erlebte. Er warf nur einen schnellen Blick in den Keller und rannte dann nach draußen, «Feuer, Feuer» schreiend. Sein Freund, der im Haus blieb, rief die Feuerwehr, und das Feuer wurde rasch gelöscht. Am nächsten Morgen war der 23-Jährige verwirrt, er meinte, 17 Jahre alt zu sein, konnte sich keine neuen Informationen mehr merken und wurde deswegen in eine Universitätsklinik überwiesen. Dort blieb er über Wochen, weil sich sein Zustand nicht besserte. Durch Gespräche fand man allerdings heraus, dass er im Alter von vier Jahren hatte mit ansehen müssen, wie ein Mann in seinem Auto verbrannte. Er hatte beobachtet, wie der Mann im Auto gegen die Scheiben hämmerte und schrie, aber niemand hatte ihm helfen können. Seither wirkte auf den Patienten offenes Feuer unmittelbar lebensbedrohlich. Die Feuersituation in seinem eigenen Haus hat, wie wir meinen, auf Hirnebene eine Kaskade von Stresshormonen ausgelöst, die den Abruf der letzten Jahre blockierte. Immer dann, wenn der Patient an persönliche Informationen herankommen wollte, wurden die Stresshormone wieder aktiviert. So konnte er sich über Monate hinweg nicht an sein Leben der letzten Jahre erinnern. Durch therapeutische Maßnahmen gelang es aber, ihn im Laufe eines Jahres wieder langsam an seine Erinnerungen heranzuführen. Bedeutend an diesem Fall ist, dass wir nicht nur zeigen konnten, dass ein Stressereignis, das auf einem sehr ähnlichen aufbaut, zu anhaltender Amnesie führen kann, sondern, dass diese Amnesie auf Hirnebene mit einer globalen Stoffwechselverminderung einherging, die in den für die Gedächtnisverarbeitung relevanten Regionen nochmals stärker war (PET-Messung) (Markowitsch et al., 1998). Beinahe noch wichtiger aber ist der Behandlungserfolg: Durch Therapie kamen in den Folgemonaten zumindest Teile der Merk- und Erinnerungsfähigkeiten des Patienten zurück, und auch sein Hirnstoffwechsel – wieder mittels PET gemessen – pendelte sich wieder auf Normalniveau ein (Markowitsch et al., 2000a). Dieser Fall (wie auch eine Reihe weiterer, ähnlich gelagerter Fälle; z. B. Markowitsch et al., 1997a; Fujiwara et al., 2004, 2008) zeigen, dass umweltinduzierte Ereignisse, nämlich Stresszustände, den Hirnstoffwechsel in Gedächtnis verarbeitenden Regionen negativ beeinflussen, und demonstrieren darüber hinaus, dass günstige umweltinduzierte Maßnahmen, nämlich Therapien, den Hirnstoffwechsel positiv beeinflussen. Unser Gehirn ist ständig «im Fluss»; neuronale Verbindungen bauen sich entsprechend der Umweltreizung auf, ab oder um. Den gleichen Sachverhalt haben wir auch in einer Studie an Patientinnen mit posttraumatischen Belastungsstörungen gefunden, die im Kernspintomographen ihren Trauma-Erlebnissen ausgesetzt wurden, während wir ihre Hirnaktivität maßen (Driessen et al., 2004).

3.10 Individual- und Kollektivgedächtnis

Gedächtnis zu haben bedeutet in erster Linie, die Fähigkeit zu besitzen, Information zu tradieren. Da Menschen soziale Wesen sind, benutzen sie ihren Informationsschatz zu großen Teilen dazu, sich ihren Mitmenschen mitzuteilen und ihn auf diese Weise mit anderen zu teilen. Allein schon die Existenz unserer Sprache bedingt, dass wir die Umwelt internalisieren und durch Kommunikation wieder externalisieren. Dadurch verfügen wir über eine kollektive Repräsentation der Welt in unserem Gehirn, die noch dadurch erweitert wird, dass wir auch Begriffe für Nicht-Manifestes, für Ideelles kreiert haben – von Gott bis zu Liebe. Die Hervorbringung von Kultur tat ein Übriges, um gemeinsame Wissensschätze zu konservieren – sei es in Buchform, als Denkmal oder als isländische Elfe*. Da die Konservierung nie einem physikalischen Abbild entspricht, sondern sich immer durch die gegenwärtigen Umstände, das Vorwissen des Individuums, die Wechselwirkungen mit den Gesprächspartnern und durch vieles andere zustandsabhängig wandelt, schlug Wertsch (2008) vor, statt von «kollektivem Gedächtnis» von «kollektiver Erinnerung» zu sprechen. Der Mediävist Johannes Fried hat vom «Schleier der Erinnerung» gesprochen (2004), als er sich mit der Subjektivität, um nicht zu sagen der Verfälschung der Geschichtsschreibung befasste. Unser Selbstverständnis und

---

*Isländer glauben an die Existenz von Elfen und anderen Fabelwesen, die bestimmte Orte okkupieren. Ein Elfenbeauftragter muss deswegen z. B. entscheiden, ob eine neue Straße eine andere Führung bekommen soll, um eine Elfe nicht zu stören.

unser Selbst sind bestimmt durch unsere Umwelt und infolgedessen auch – wenn nicht sogar vor allem – durch die Kultur, in
der wir leben. Diese Kulturabhängigkeit kann im Extremfall
auch die Logik des Denkens betreffen. Wenn zum Beispiel ein
Japaner Kleidung anprobiert und dabei feststellt: «zu klein»,
dann meint er, er selbst sei zu klein für das Jackett, in das er gerade hineingeschlüpft ist. In den Anden gibt es einen Indianer-
stamm, der die Zeit reziprok verarbeitet, also im Grunde Zukunft und Vergangenheit vertauscht. Die Medien – insbesondere Fernsehen und Internet – haben unser Sozialgefüge und auch
unseren Umgang mit Erinnerung in den letzten Jahren vermutlich stärker verändert als der Buchdruck in den Jahrhunderten
zuvor. Alle diese Beispiele machen deutlich, wie abhängig unser
Gedächtnis von unserer sozialen und kulturellen Umwelt ist.

Auch was bedeutend und damit behaltenswert ist, ist durch
die jeweilige Kultur geprägt. Man denke an die *dream lines* der
Aborigines (Pritzel, 2006) und deren Tradierung von Geschichtswissen durch einen rein mündlichen Transfer von Generation zu Generation. Selbst die Entwicklung des autobiographischen Gedächtnisses, insbesondere der Zeitpunkt seines Ent-
stehens, hängt davon ab, ob man in einer westlichen, auf
Individualität ausgerichteten oder in einer östlichen, auf Ge-
meinschaft ausgerichteten Kultur aufwächst (Harpaz-Rotem & Hirst, 2005). Harpaz-Rotem und Hirst fanden auch heraus, dass allein schon die Stelle, in der man in einer Geschwis-
terreihe auf die Welt kommt, darüber entscheidet, wie früh oder
spät man ein autobiographisches Gedächtnis entwickelt – bei
Erstgeborenen ist die Entwicklung des Selbst eher abgeschlos-
sen als bei später Geborenen.

Doch nicht nur das Entstehen von Gedächtnis hängt von der
sozialen und kulturellen Umwelt ab, sondern ebenso das Vergessen oder Verdrängen. Einige Beispiele für kollektiven Ge-
dächtnisverlust habe ich bereits erwähnt. Individuelles, kollektives und auch kommunikatives Gedächtnis baut auf Assoziationen auf, z. B. auf so genannten Landmarken *(landmarks)*
(Hodges & McCarthy, 1993; Rosenbaum et al., 2005; Treadway et al., 1992), wie sie auch für tierisches Gedächtnis postu-

liert werden (z. B. Tommasi et al., 2003). Derartige Landmarken, etwa Denkmäler, Filme, Gedichte, Riten oder Ereignisse, können sowohl das kollektive Gedächtnis als auch individuelle Erinnerungen steuern. Der Zweite Weltkrieg stellt für die Nachkriegsgenerationen ein geschichtliches Ereignis dar, das möglicherweise mit distinkten, von Eltern und Großeltern erzählten Erinnerungsgeschichten, unter Umständen aber auch nur mit in der Schule gepauktem Geschichtswissen verbunden ist. Der Sturm «Lothar» ist für die einen ein abstraktes Ereignis, auf dessen Existenz sie hingewiesen werden, wenn sie auf einer Wanderung über die Schwarzwaldhöhen auf eine Erinnerungstafel am Wegrand stoßen und die Reste umgeknickter Bäume sehen; für andere handelt es sich hingegen um eine individuelle Erinnerung, an die sie mit leichtem Schaudern zurückdenken, wenn sie damals auf einer Waldlichtung standen und das dumpfe Fallen der Fichten erlebten. Wie wir schon angesichts der isländischen Elfen sehen konnten, werden auf diese Weise bestimmte Lokalitäten zu individuellen oder kollektiven Erinnerungsorten – KZ-Stätten, Waldfriedhöfe, Verdun oder auch die Kreuze und Lichter am Fahrbahnrand, die auf verstorbene Angehörige verweisen (Röttger-Rössler, 2008). Auf derartige Unterschiede im Gedächtnis geht das folgende Kapitel ein.

4. Gedächtnisprozesse und Gedächtnissysteme

In früheren Zeiten sah man Gedächtnis meist als eine Einheit an, über die man entweder ungestört verfügte oder die beeinträchtigt bzw. – bei so genannter globaler Amnesie – sogar völlig verloren gegangen war. Diese Einheitlichkeit hat heutzutage einer weit differenzierteren Betrachtung Platz gemacht, was vor allem mit der inzwischen erkannten und bereits im ersten Kapitel beschriebenen Dynamik und Beeinflussbarkeit des Gedächtnisses zusammenhängt. Unter Gedächtnis verstehen wir heute etwas Prozesshaftes.

4.1 Gedächtnisprozesse

Grundsätzlich lassen sich *implizite* und *explizite* Gedächtnisprozesse voneinander unterscheiden. Implizit meint ohne Bewusstmachung des eigentlichen Inhaltes und seiner Bedeutung, explizit meint mit den dazugehörigen Konnotationen – dem raum-zeitlichen Koordinatenmuster, d. h. dem Wie, Wann und Wo des Erwerbsvorgangs.

Implizites Gedächtnis. Verarbeitungsprozesse von Information können unterschiedliche Grade von Bewusstsein erreichen. Man kann im Vorbeilaufen noch etwas aufschnappen, das man aber, da es für einen irrelevant ist, gleich wieder vergisst (oder jedenfalls zu vergessen meint), oder man kann bewusst seine Aufmerksamkeit auf neue Informationen lenken und versuchen, diese in allen Einzelheiten zu behalten (etwa eine Durchsage, die einem das Abfluggate des Anschlussflugs mitteilt). Diese Beispiele stehen für implizite und explizite Gedächtnisprozesse (Markowitsch, 1993). Während man in früheren Zeiten den Mechanismen impliziter Verarbeitung von Information wenig Beachtung schenkte, spielen diese heute so-

wohl in der wissenschaftlichen Forschung als auch in prak-
tischen Anwendungen eine bedeutende Rolle. Dies betrifft sowohl die subliminale Wahrnehmung, das Erkennen von Reizen, die wegen ihrer zeitlichen Kürze oder dadurch, dass sie
von anderen Reizen verdeckt (maskiert) werden, nicht bis in
das Bewusstsein vordringen können (z. B. Henke et al., 1993),
als auch die langfristige Verarbeitung von unbewusst Erlebtem
und dessen mögliche Bedeutung im späteren Leben. Verfälschungen, Distorsionen und Fehlerinnerungen, die hierdurch
entstehen können, werden in Kapitel 7 näher erläutert. Inter-
essant ist in diesem Zusammenhang die Erkenntnis, dass wir
angeblich 95 % unserer Information unbewusst aufnehmen
(Bargh & Chartrand, 1999; Drachman, 2005). Unbewusst re-
agieren wir auch auf Gefahren oder in vielen Situationen, in

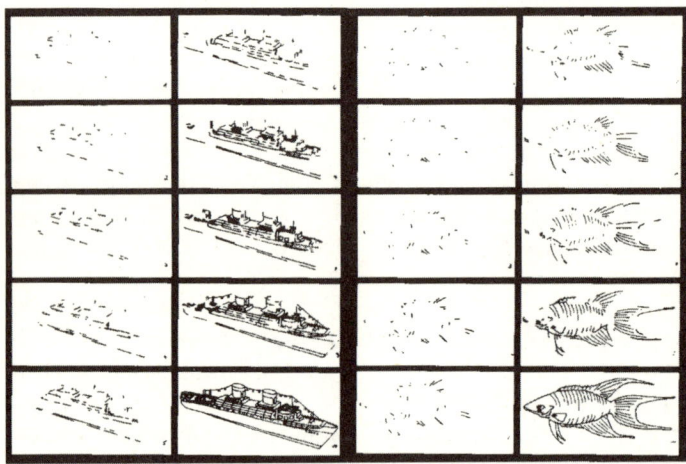

Abb. 19: Fragmentierte Bilder als Beispiel für implizite Erinnerungsleistungen.
Versuchsperson oder Patient bekommen z. B. 20 unterschiedliche Objekte (hier:
Schiff und Fisch) gezeigt, von denen jedes zehnfach abgestuft von wenigen Punk-
ten bis zum vollständig gezeichneten Objekt hintereinander dargeboten wird.
Aufgabe ist es, in einem möglichst frühen Zeichnungsstadium das Objekt zu identifizieren – also benennen zu können. Wiederholt man den Test zu einem späteren Zeitpunkt mit amnestischen Patienten, dann können sie in der Regel schon
in einem jeweils früheren Stadium das Objekt benennen.

denen es um die motorische Kontrolle unseres Körpers geht. Hier würde ein langsames, kontemplatives Nachdenken nur störend oder interferierend sein: Weder beim Einleiten eines Bremsvorgangs im Auto noch beim schnellen Sprung von Liane zu Liane und dann über einen Flusslauf wäre ein Abwägen von Handlungsalternativen sinnvoll – wir wären als Mensch schon mit unserem Auto dem Vordermann aufgefahren oder als Affe im Maul eines Krokodils gelandet. Ein Vorteil derartiger Routinehandlungen ist, dass man sie fast «im Schlaf» vollführen kann und nicht verlernt. Ein suahelisches Sprichwort besagt: «Mautie moset kolany ketit – Der Affe verlernt nie, auf einen Baum zu klettern.» Typische Beispiele für implizite Lernaufgaben sind solche, bei denen visuelle Reize lediglich schemenhaft präsentiert, aber unter der Bedingung identifiziert werden, dass sie zu einem früheren Zeitpunkt einmal (oder mehrmals) ganz (und klar) gesehen wurden (Abb. 19) (Knowlton & Greenberg, 2008). Dass implizites Lernen auch für den Schulunterricht genutzt werden kann, zeigen Schumacher und Stern (2007).

Explizites Gedächtnis. Im Unterschied zu impliziten Gedächtnisvorgängen zeichnen sich explizite dadurch aus, dass sie die Möglichkeit beinhalten, zu erklären (*explicare* = erklären), was man meint, tut oder tun will. Sie schließen ein Bewusstsein der Aufnahme der Information und der Aufnahme der Art der Information ein; deswegen spricht man auch von *noetischen* gegenüber *anoetischen* Gedächtnisinhalten. Im Alltag halten wir das explizite Gedächtnis für weitaus relevanter als das implizite. Dies hat wohl in der Hauptsache damit zu tun, dass wir bei expliziten Gedächtnisprozessen den Vorgang wissentlich (noetisch) nachvollziehen können. Infolgedessen haben wir einen Überblick, was auf uns einwirkt, und sind darüber hinaus auch imstande, es zu steuern, mit anderen Worten zu selektieren, was uns relevant und was vernachlässigbar erscheint.

Die hier beschriebenen Gedächtnisprozesse wurden dadurch systematisiert, dass man ihnen Systeme zuordnete, die phylogenetisch und ontogenetisch auseinander hervorgegangen sind und sich auf Hirnebene distinkten Netzen von Regionen zuordnen lassen.

4.2 Gedächtnissysteme

Mit seinen Veröffentlichungen aus den Jahren 1972 und 1983 revolutionierte Endel Tulving die Gedächtnisforschung. Er definierte zuerst zwei unterschiedliche Langzeitgedächtnissysteme – das episodische und das semantische – und führte diese Differenzierung dann fort. Gegenwärtig unterscheiden die Gedächtnisforscher fünf ontogenetisch wie phylogenetisch aufeinander hierarchisch aufbauende, inhaltlich differenzierbare Langzeitgedächtnissysteme; sie sind in Abbildung 20 skizziert.

Das *prozedurale Gedächtnissystem* bezieht sich auf Fertigkeiten wie Fahrrad-, Auto- oder Skifahren, die Beherrschung von Musikinstrumenten und auf weitere, grundsätzlich automatisch ablaufende Vorgänge. Die (unbewusste) Automatik lässt sich durch folgendes Beispiel demonstrieren. Auf die Frage «Was müssen Sie beim Autofahren *zuerst* tun, wenn Sie vom 2. in den 3. Gang schalten wollen?», antworten viele Menschen spontan mit «Kupplung drücken», während man in Wirklichkeit zuerst den rechten Fuß vom Gaspedal nehmen muss. Ähnlich verhält es sich mit dem zweiten Gedächtnissystem, dem *Primingsystem*. «Priming» lässt sich in etwa mit «Prägung» oder «Bahnung» übersetzen. Es meint eine erleichterte Informationsverarbeitung durch den Umstand, dass der Betreffende einer gleichartigen oder ähnlichen Reizkonstellation schon zu einem früheren Zeitpunkt (unbewusst oder nur an der Schwelle bewusst) ausgesetzt war, wobei die damalige Reizung eine Spur auf Hirnebene hinterließ. Gegenwärtig nutzt vor allem die Werbeindustrie die Wirkung von Priming aus, zum Beispiel in den Werbeblöcken von Fernsehfilmen. Dort werden in kurzem Zeitabstand Spots in gleicher oder abgekürzter Form wiederholt. Der erste Spot

Abb. 20: Skizzenhafte Darstellung der fünf Langzeitgedächtnissysteme. Es wird angenommen, dass diese sich aufeinander aufbauend von links nach rechts entwickeln. Im Babyalter etablieren sich zuerst prozedurales und Priming-Gedächtnis, die beide unbewusst und automatisiert ablaufen. Das episodisch-autobiographische Gedächtnis entsteht zum Schluss, beginnend mit dem 4. Lebensjahr.

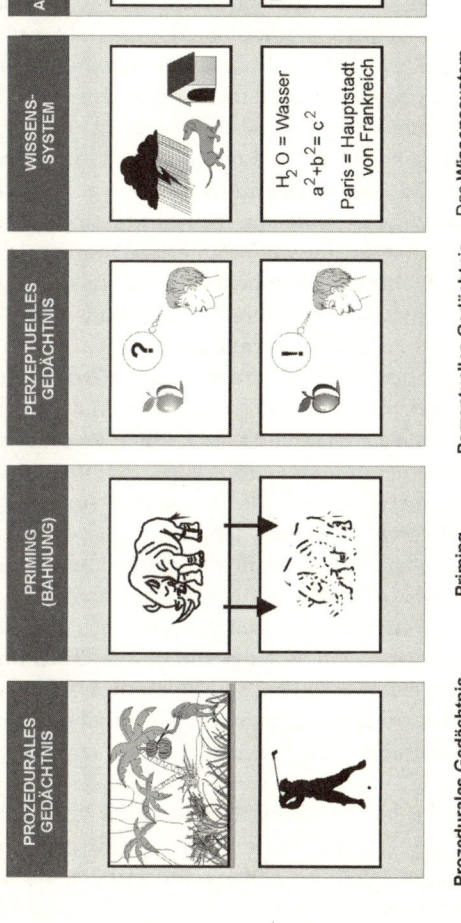

GEDÄCHTNISSYSTEME

| PROZEDURALES GEDÄCHTNIS | PRIMING (BAHNUNG) | PERZEPTUELLES GEDÄCHTNIS | WISSENS-SYSTEM | EPISODISCH-AUTOBIOGRAPHISCHES GEDÄCHTNIS |

H_2O = Wasser
$a^2 + b^2 = c^2$
Paris = Hauptstadt von Frankreich

Mein erstes Treffen mit Mike

Die Hochzeit meines Bruders

Prozedurales Gedächtnis steht für mechanische, auf das motorische System bezogene Fertigkeiten.

Priming bedeutet eine höhere Wiedererkennwahrscheinlichkeit für zuvor in gleicher oder ähnlicher Weise wahrgenommene Reize.

Perzeptuelles Gedächtnis bezieht sich auf das Wiedererkennen von Reizen aufgrund von Familiaritäts- oder Bekanntheitsurteilen.

Das **Wissenssystem** ist ein auf die Gegenwart bezogenes System, das sich auf kontextfreie Fakten bezieht.

Das **episodische Gedächtnissystem** stellt die Schnittmenge von subjektiver Zeit, autonoetischem Bewusstsein und dem sich erfahrenden Selbst dar.

verankert den Grundtenor meist unbewusst oder vorbewusst auf Hirnebene, der nachfolgende, ähnliche Spot reaktiviert die Aussage nicht nur, sondern potenziert den Merkeffekt, weil dem Zuschauer über eine Art Aha-Erlebnis die Botschaft bereits vertraut vorkommt. Der Werbeeffekt ist erreicht.

Während das Primingsystem und das prozedurale Gedächtnis grundsätzlich ohne Reflexion ablaufen, ist dies beim *perzeptuellen Gedächtnis*, dem ersten noetischen System, anders. Das perzeptuelle Gedächtnis ist unabhängig vom Sprachsystem; auf dieser Ebene geht es lediglich um die wahrnehmungsbezogene Identifizierung von Objekten, darum, beispielsweise einen Apfel immer als solchen identifizieren zu können, gleichgültig, ob er rot, grün oder gelb ist, und ihn ebenso sicher von Pfirsich oder Birne unterscheiden zu können (Zychlinski, 2006). Ken Paller und Mitarbeiter (2007) betonen, dass es wichtig ist, Priming als implizite Gedächtnisform von Familiarität und damit vom perzeptuellen Gedächtnis als expliziter Gedächtnisform zu unterscheiden. Der Unterschied zeigt sich insbesondere am Gedächtnisverhalten hirngeschädigter Patienten.

Die in der Hierarchie obersten beiden Gedächtnissysteme sind das *Wissenssystem* (auch Kenntnissystem und im Hinblick auf die ursprüngliche englische Bezeichnung «semantisches Gedächtnis» genannt) und das *episodisch-autobiographische Gedächtnis*. Gegenstand des Wissenssystems sind kontextfreie Fakten, mit anderen Worten, all jene Informationen, die wir uns – vorwiegend, aber nicht ausschließlich sprachlich – von unserer Kindheit an insbesondere in Schule und Studium aneignen. Dabei behalten wir in der Regel weder, wo wir uns derartige Information angeeignet haben, noch, wann das der Fall war. Anders verhält es sich beim episodisch-autobiographischen Gedächtnissystem: Hier wird der Kontext erinnert, und mit der Erinnerung ist in der Regel auch eine emotionale Bewertung verbunden.

Endel Tulving hatte sich insbesondere mit verbalem Lernen und Gedächtnis beschäftigt und ging deswegen davon aus, dass das Wissenssystem primär mit Wörtern zu tun habe (und hatte es folglich als «semantisches Gedächtnis» bezeichnet), wohingegen sich das episodische Gedächtnis auf Episoden beziehe, die beispielsweise mit dem Erlernen von Wortlisten zusammenhingen. Diese Vorstellung gab Tulving später auf und führte das episodische Gedächtnis prinzipiell in das autobiographische über. Seine gegenwärtige Definition des autobiographischen Gedächtnisses als «Schnittmenge von subjektiver Zeit, autonoetischem Bewusstsein und dem sich erfahrenden Selbst» macht dies deutlich. «Autonoetisches Bewusstsein» (Markowitsch, 2003a) und «Selbst» schließen eine emotionale Bewertung der Erinnerung ein. Erinnert man sich an Episoden, vollführt man, wie bereits oben beschrieben, eine mentale Zeitreise. Über Beziehungen und Zusammenhänge zwischen episodischem und autobiographischem Gedächtnis hat Gilboa (2004) geschrieben.

Die vergleichende Tierforschung legt zunehmend Ergebnisse vor, die menschenähnliches Verhalten bei Tieren nahelegen. Soziale Kommunikation, Werkzeuggebrauch, psychologisches Verstehen («Theory of Mind»), aber auch Gedächtnisleistungen, die anzeigen, dass Tiere zwischen Zeitepochen differenzieren können und sich an Orte erinnern, scheinen für einen äußerst graduellen Übergang zwischen tierischen und menschlichen intellektuellen Fähigkeiten zu sprechen (z. B. Clayton et al., 2007; Clayton & Dickinson, 1998; de Waal et al., 2005; Plotnick et al., 2006). Auch die differentielle Psychologie und die Psychopathologie deuten in diese Richtung, da es Menschen gibt, deren Intelligenz von Geburt an sehr niedrig ist und es auch bleibt (sog. Oligophrene, Lissencephale), während andere, bedingt durch im späten Lebensalter auftretende neuronale Abbauerscheinungen (z. B. Alzheimer-Krankheit), Leistungen nicht oder nicht mehr aufweisen, die bereits manche Tiere zeigen (z. B. sich im Spiegel erkennen können). Dennoch muss man konstatieren, dass es himmelweite Unterschiede zwischen den intellektuellen Leistungen im Tierreich und bei Menschen gibt. Dies hat Premack (2007) an acht Leistungsbereichen aufgezeigt: dem Beibringen von Wissen (Lehren), Kurzzeitgedächtnis, kausalem Schließen, Planen, Täuschen, transitiver Inferenz, Theory of Mind und Sprache. Ganz ähnlich argumentierten auch Penn

et al. (2008), die insbesondere auf den nur dem Menschen eigenen intensiven Gebrauch von physikalischen Symbolsystemen
(z. B. Sprache) und relationalen Zuordnungen hinweisen. Die
flexible Anwendung von Regeln, Systemen und Systematiken
findet sich nur im Humanbereich. Auch Tulving und andere
Wissenschaftler gehen davon aus, dass ein episodisch-autobiographisches Gedächtnis nur beim Menschen vorhanden ist.

Das SPI-Modell. Die prozessspezifischen Beziehungen zwischen den verschiedenen Gedächtnissystemen hat Tulving
(1995) in einem von ihm SPI-Modell genannten Bezugssystem
erläutert. S steht für «seriell», P für «parallel» und I für «inde-
pendent/unabhängig». Der Vorgang der Einspeicherung erfolgt
seriell, d. h. zuerst in einem System (z. B. dem episodischen), und
geht dann in ein anderes (z. B. das Kenntnissystem) über. Die
Ablagerung geschieht dann aber parallel; mit anderen Worten,
sie kann in unterschiedlichen Systemen erfolgen. Infolgedessen
ist dann der Abruf unabhängig, d. h., wenn er über das Kenntnissystem erfolgt, ist er nicht – wie im episodischen System – an
eine Bewusstmachung und Kontexteinbettung gebunden. Nach
Tulving speichern wir gewöhnlich nicht zuerst Episoden, um die
entsprechenden Informationen dann nachträglich im Vollzug
einer Generalisierung mehrerer ähnlicher Episoden in das Wissenssystem «zurückzustufen». Dies kann zwar so ablaufen,
häufiger jedoch wird Information ausschließlich über die nied-
rigeren Systeme eingespeichert. Dies ist auch bei Kindern die
Regel; zuerst eignen sie sich Wissen und Kenntnisse an, und erst
in einem späteren Lebensalter erfassen sie Episoden und speichern diese integrativ ab (Nelson, 2006).

Infantile Amnesie. Seit den frühen Tagen der Psychoanalyse
hält die Diskussion an, ob die Möglichkeit besteht, sich an seine
Zeit als Baby zu erinnern. Die gegenwärtige Gedächtnisforschung verneint dies und definiert Erinnern als einen bewussten
Vorgang. Der Unterschied zwischen dem Zustand als Kleinkind
und dem als Erwachsener ist danach so groß, dass Bezüge zwischen den Epochen nicht (mehr) vorhanden sind. Dafür spricht

auch die fehlende Hirnreifung beim Kleinkind – die Feinver-
drahtung und Diversifikation von Verbindungen sind noch nicht
(ausreichend) ausgebildet. Ein weiteres Argument für unsere
Unfähigkeit, sich an die Kleinkindzeit zurückzuerinnern, ist die
mangelnde Sprachkodierungsfähigkeit und der geringe Wortschatz kleiner Kinder. Infantile Amnesie meint jedoch lediglich
das Fehlen bewusster Erinnerung an die ersten Lebensjahre.
Kam es damals zu Extremerlebnissen, so können diese durchaus
unbewusst präsent sein und infolgedessen gegenwärtiges Han-
deln beeinflussen (etwa eine Scheu vor engen, dunklen Tun-
neln).

**Von der «Habit–Memory»- zur «Remember–Know»-Differen-
zierung und weitere Gedächtnistermini.** Zwei Konzepte finden
sich immer wieder in der Literatur. Mortimer Mishkin (1982;
Mishin & Petri, 1984) führte schon Anfang der 1980er Jahre
auf der Basis seiner Untersuchungen an Affen die Unterscheidung zwischen *habit* und *memory* ein. *Habit* meint, eine Sache
gewohnheitsmäßig, routiniert und damit unbewusst oder automatisch zu tun, *memory* dagegen das bewusste (noetische) Behalten und flexible Einsetzen von Information. Das zweite Kon-
zept stammt von Tulving und betont die Ungleichheit von
remember und *know*. *Remember* meint das bewusste Erinnern
– ich weiß die Episode –, *know* nur die Kenntnis, dass etwas so
ist. Mit der Frage «*Erinnern* Sie sich, oder *wissen* Sie es nur?»
lässt sich zwischen episodischer Erinnerung und Kenntnis auf
Basis des Wissenssystems differenzieren.

Prospektives Gedächtnis schließlich meint die «Erinnerung»
an Zukünftiges – sich daran zu erinnern, was man Morgen zu
erledigen hat. Es ermöglicht aus den Erfahrungen der Vergangenheit Vorstellungen für die Zukunft zu generieren. Weil es
hier um distinkte Ereignisse mit Raum-Zeit-Bezug und Bezug
zum eigenen Selbst (Branchimonte et al., 1996) geht, ist das pro-
spektive Gedächtnis Teil des episodisch-autobiographischen
Gedächtnisses. Weitere Termini der Gedächtnisforschung sind
Quellen- und *Metagedächtnis*. *Quellengedächtnis* bezieht sich
auf die Quelle, aus der Wissen oder Information stammt; es er-

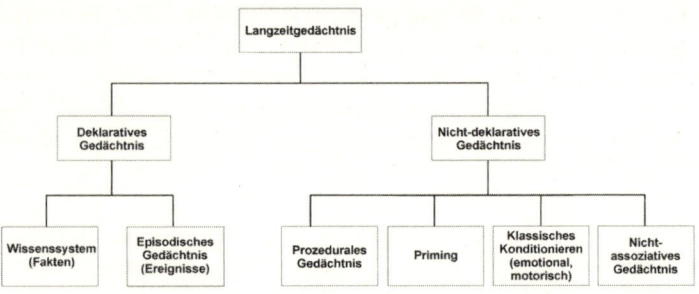

Abb. 21: Die Unterteilung von Gedächtnis in Systeme nach Larry Squire (nach Thöne-Otto & Markowitsch, 2004).

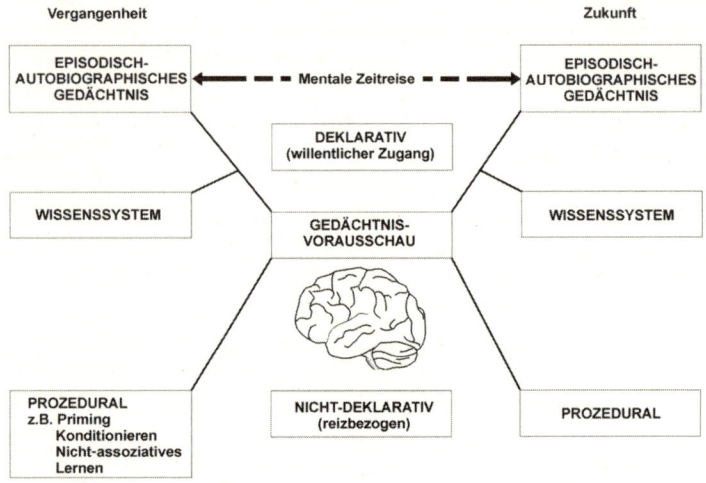

Abb. 22: Beziehungen zwischen episodisch-autobiographischem Gedächtnis, Wissenssystem und prozeduralen (nicht-deklarativen) Gedächtnissystemen (modifiziert nach Abb. 1 von Suddendorf & Corballis, 2007).

möglich die Verknüpfung des Gedächtnisinhalts mit der Erinnerung an die Herkunft der Information. *Metagedächtnis* erlaubt das Zurückgreifen auf Konzepte, Kategorien oder Kontexte; Metagedächtnisinhalte lassen sich auch über so genannte Feeling-of-knowing-Urteile erfassen, die die Vorstellung beinhalten, ob einem eine Sache bekannt ist oder nicht (Janowsky et al., 1989; O'Shea et al., 1994). Beim Metagedächtnis handelt es sich also um die Fähigkeit, Einzelinformation über Konzeptbildungen wiederzuerlangen, entweder durch Sachkenntnis oder durch das Wissen, wie an eine abgespeicherte Information heranzukommen ist.

Das alternative Gedächtniseinteilungssystem nach Squire. Neben der Tulving'schen Einteilung in mehrere Gedächtnissysteme hat Larry Squire eine weitere propagiert, die gegenwärtig häufig benutzt wird (Abb. 21), aber den Nachteil hat, dass sie die beiden höchststehenden Gedächtnissysteme – das Wissenssystem und das episodisch-autobiographische Gedächtnis – miteinander kombiniert und «deklaratives Gedächtnis» nennt. Diese Vermischung ist unzweckmäßig, da sie zum einen dem Hierarchiegedanken der Gedächtnissystemunterteilung zuwiderläuft und zum zweiten der Empirie widerspricht, die zeigt, dass beide Gedächtnissysteme selektiv gestört sein können. Insbesondere neurologische Patienten mit Gedächtnisproblemen haben diese in der Mehrzahl im Bereich des episodisch-autobiographischen Gedächtnisses (Markowitsch, 2008a). Zudem widerspricht die Kombination der Systeme der empirischen Erkenntnis, dass sie sich entwicklungsgeschichtlich sukzessive herausgebildet haben (Nelson, 2006). Die Tulving'sche und die Squire'sche Einteilung lassen sich aber – wie von Suddendorf und Corballis (2007) zeigten – aufeinander beziehen (Abb. 22).

5. Die Messung von Gedächtnis

Gedächtnis ist nicht nur keine einheitliche, sondern auch keine von anderen unabhängige Fähigkeit. Es ist eingebettet in eine große Reihe verwandter wie andersartiger Funktionen (Baddeley, 1997). Dazu zählen zum Beispiel Aufmerksamkeits- und Konzentrationsfähigkeiten, Sprache, Emotionen, Motive und exekutive Funktionen. Grundsätzlich zeigt eine hochintelligente Person in aller Regel auch differenziertere und umfassendere Gedächtnisleistungen als eine wenig intelligente (Colon et al., 2007). Dies hängt u. a. mit ihrer kognitiven Flexibilität und ihrer Geübtheit zusammen. Die Gedächtnisforschung hat Tests

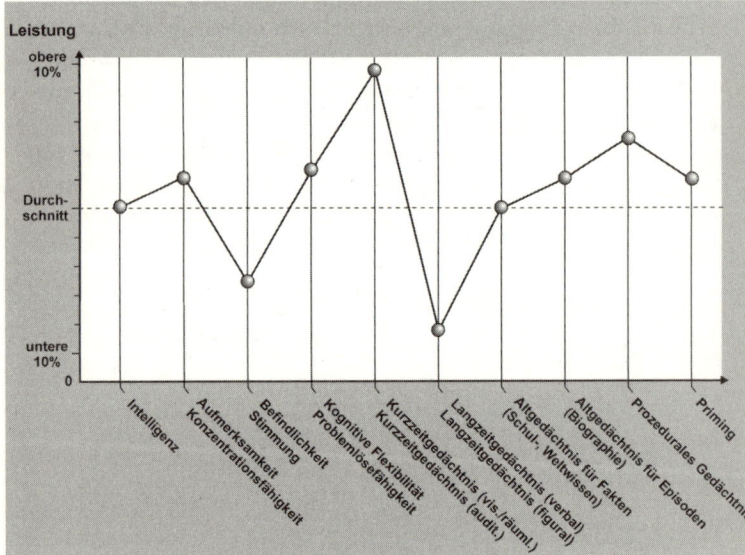

Abb. 23: Theoretisches Beispiel für ein psychologisches Testprofil

Tab. 4: Beispiel für ein Funktionenspektrum, das zur validen Erfassung von Gedächtnisleistungen gemessen werden sollte (modifiziert nach Tab. IV von Markowitsch, 2003c).

Funktion	Beispiel für ein Testverfahren
Intelligenz	Hamburg-Wechsler-Intelligenztest
Aufmerksamkeit und Konzentrationsfähigkeit	d2-Test, Trail-Making-Test
Sprach- und Sprechfähigkeiten	Aachener Aphasie-Test
Stimmung und Affektverarbeitung	Beck Depressions Inventar, Affektiver Wörter Test, Tübinger Affektbatterie, Augentest
Exekutive Funktionen	Farb-Wort-Interferenztest, Wisconsin Card Sorting Test
Gedächtnis, allgemein und Unterfunktionen (Kurzzeit-, Langzeit-, nichtverbales und verbales Gedächtnis)	Wechsler Memory Scale-revised
Alltagsgedächtnis	Rivermead Alltagsgedächtnistest
Kurzzeit- und Arbeitsgedächtnis	Corsi-Blockspanne, -Zahlenspanne (jeweils vorwärts und rückwärts)
Konzeptbildung, kognitive Flexibilität schlussfolgerndes Denken	Turm von London oder von Hanoi, Transkodierverfahren
Verbale Neugedächtnisbildung	Verbaler Lern- und Merkfähigkeitstest
Nonverbale Neugedächtnisbildung	Rey-Osterrieth-Figur
Freie Abruf- gegenüber Wiedererkennfähigkeiten	Geschichten nacherzählen, Gesichter, Worte, Objekte wiedererkennen, Fakten erlernen
Emotionale gegenüber neutralen Inhalten	Wiedergabe emotionaler gegenüber neutralen Geschichten oder Filmszenen
Prozedurales Gedächtnis	Schreiben oder Lesen in Spiegelschrift
Priming	Unvollständiger Bildertest, Wortstammvervollständigung
Retrogrades Faktengedächtnis	Berühmte Gesichter-, Namen-, Szenentests, semantische Kenntnis
Retrogrades autobiographisches Gedächtnis	Autobiographisches Gedächtnis-Interview

entwickelt, die die Bezüge zwischen Gedächtnis und Intelligenz auch dadurch sinnfällig machen, dass sie einen Gedächtnisquotienten aufstellten, der genauso wie der Intelligenzquotient um 100 Punkte als Norm variiert (z. B. bei der revidierten Form der Wechsler Memory Scale; Härting et al., 2000).

Eine sinnvolle Messung von Gedächtnis beinhaltet die Erfassung möglichst vieler relevanter Umfeldvariablen sowie unterschiedlichster Gedächtnisleistungen, wie dies Abbildung 23 veranschaulicht (Markowitsch, 2003c). Auf diese Weise lassen sich sowohl die «Höhen» und «Tiefen» der psychologisch-intellektuellen Leistungsfähigkeit erfassen als auch mögliche Auswirkungen von Umfeldvariablen wie Aufmerksamkeitsdefizite oder eine gedrückte Stimmung auf einzelne Gedächtnisfunktionen beobachten, um so der Fehlinterpretation einer Einzelleistung vorzubeugen. Tabelle 4 gibt einen Einblick in Funktionsbereiche und Beispiele für mögliche Testverfahren.

6. Gedächtnis, Gedächtnisstörungen und Gehirn

Wie Information im Gehirn eingespeichert, abgelegt und wieder abgerufen wird, gehört zu den faszinierendsten Untersuchungsgegenständen der Neurowissenschaften. Zur Beantwortung dieser Fragen verfügen sie zwar über ein breit gestreutes Methodenrepertoire (Beispiele in Tab. 5), dennoch bleiben viele hierzu gemachte Aussagen noch sehr vorläufig. Grundsätzlich können wir festhalten, dass ein Baby die Welt erfahren und erlernen muss. Sein Gehirn kann auf nichts zurückgreifen als auf sein genetisch angelegtes Programm und die wenigen und weitgehend diffusen Reizerfahrungen, die es im Mutterbauch gemacht hat. Da auch ein Teil der Sinnesorgane bei Geburt noch nicht perfekt arbeitet – ein Baby sieht beispielsweise in den ersten Lebenswochen nur sehr verschwommen –, liegt im Geruch und im haptischen «Begreifen» der Schlüssel zur «Erfassung» der Umwelt. Wie man sieht, reflektiert unsere Sprache dies mit entsprechenden Ausdrücken. Das Baby strampelt im Bettchen und erfährt damit die Grenzen seines Körpers. Stößt es gegen ein über ihm hängendes Mobile, dann merkt es intuitiv, dass *actio = reactio* gilt, es also

Tab. 5: Beispiele für die Methodenvielfalt der Neurowissenschaften zur Erfassung der neuronalen Korrelate von Gedächtnis und Gedächtnisstörungen

Verfahren	Funktion
(Vergleichende) Hirnanatomie und -morphologie	Vergleiche zwischen Hirnkapazität und Gedächtnisvermögen, Aufbau funktioneller Einheiten (Nervenzelle bis Makrosäulen)
Läsionsmethoden, Beobachtungen an Individuen mit temporär oder permanent geschädigtem Nervensystem	Aufdeckung von Orts-Funktions-Zusammenhängen

A

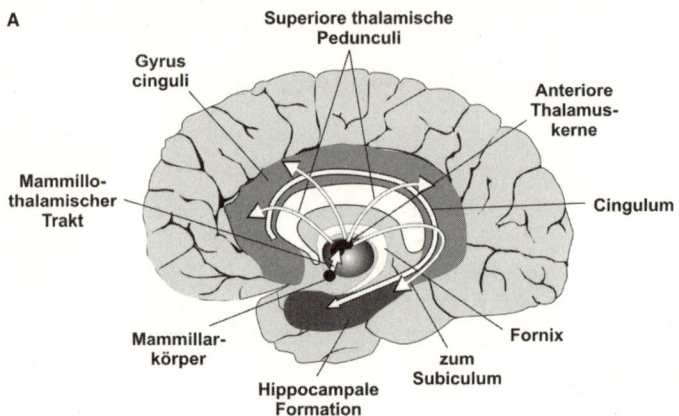

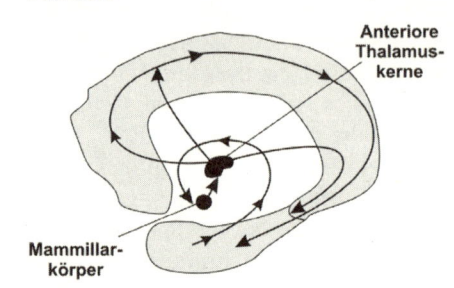

B

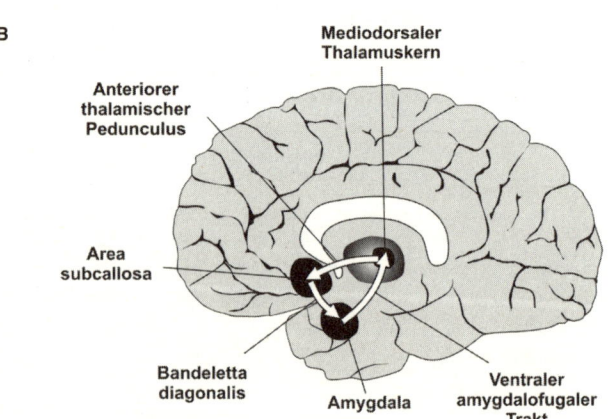

die Umwelt durch seine Aktivität verändert. Damit ist der Grundstein für das oben erwähnte prozedurale Lernen gelegt. Zugleich handelt es sich um ein Beispiel für das Einspeichern (= Enkodieren) von Information (s. Kap. 3.5). Information gelangt über die Sinnessysteme in das Gehirn. Dort wird sie je nach Art der Information entweder gleich vernetzt abgelegt (prozedurales Gedächtnis, Priming) oder zuerst im Kurzzeitspeicher für Sekunden bis Minuten gehalten, bevor sie dann über Regionen des limbischen Systems weiter gefestigt werden kann (Abb. 24). Die in Abbildung 24 gezeigten Flaschenhalsstrukturen des limbischen Systems bilden assoziative Verbindungen, mit deren Hilfe es zu einer Integration von neuer mit ähnlicher alter Information kommt (Abb. 12). Die Ablagerung geschieht in weit verzweigten Netzen vor allem im Bereich der Hirnrinde (Abb. 12), während der Abruf durch Reaktivierung dieser Netzwerke erfolgt, wobei Regionen im unteren seitlichen Stirnhirnbereich und im Bereich der Schläfenlappenspitze als auslösend oder initiierend wirken.

Neuronale Gedächtniskorrelate. Für die oben genannte Übersicht sprechen eine Vielzahl von Beschreibungen, die an Patienten vorgenommen wurden, sowie in jüngerer Zeit auch Ergebnisse funktioneller Bildgebung (s. Kap. 2.4 und Abb. 7). An Tieren wurden die grundlegenden biochemischen und bioelektrischen Vorgänge bei der Informationsverarbeitung untersucht, mit dem Ergebnis, dass die im Nervensystem existierenden Stoffwechselvorgänge – die Bildung von Aktionspotentialen, die

Abb. 24: Die beiden Schaltkreise des limbischen Systems in Medialansichten des Großhirns. A: Der Papez'sche Schaltkreis besteht aus Strukturen wie dem Hippocampus, die vor allem für die faktenmäßige Enkodierung relevant sind. Das kleine Hirnbild rechts soll den Schaltkreis im Verlauf angeben. B: Der basolaterale Schaltkreis enthält unter anderem die Amygdala; er ist vor allem für die emotiven Anteile der Informationsverarbeitung relevant. Strukturen beider Schaltkreise sind auch untereinander verbunden und bewirken so eine integrative Verarbeitung insbesondere autobiographischer Gedächtnisinhalte (Episoden), bei denen es auf eine synchrone Aktivierung von Emotion und Kognition ankommt (vgl. z. B. die Probleme von Urbach-Wiethe-Patienten in diesem Bereich).

Freisetzung von Überträgerstoffen und die durch externe Reizungen langfristig ausgelösten morphologischen Änderungen von Nervenzellen – auch für Lernvorgänge maßgeblich sind (vgl. Abb. 14).

Schlaf und Traum. Erst in den letzten Jahren intensiver erforscht wurde die Bedeutung des Schlafes für die Festigung unseres Gedächtnisses. So hat man gefunden, dass insbesondere der in der ersten Nachthälfte vorherrschende Tiefschlaf der Konsolidierung biographischer Gedächtnisinhalte dient, während der später vermehrt auftretende REM-Schlaf (REM = *rapid eye movements*, schnelle Augenbewegungen) eher mit der vertieften Einspeicherung von prozeduralen Gedächtnisinhalten befasst ist. Man konnte dies sowohl mit Human- wie auch mit Tierversuchen belegen; bei Letzteren gelang es sogar zu zeigen, dass die Einzelzellaktivität direkt mit dem Aufsuchen einzelner Arme eines Labyrinths korrelierbar war (vgl. Kap. 3.4). Babys und Kleinkinder, die die Welt insgesamt erst erlernen müssen, schlafen besonders viel, Erwachsene mit zunehmendem Alter dagegen immer weniger. Zudem wird bei älteren Menschen nachts zunehmend das Stresshormon Cortisol freigesetzt, das einem intensiven Tiefschlaf entgegenarbeitet, und ältere Menschen leiden in der Tat ja auch unter wachsender Alltagsvergesslichkeit.

6.1 Gedächtniseinspeicherung und Gehirn

«Every day is alone, whatever enjoyment I've had, and whatever sorrow I've had», dieser Ausspruch des prominenten Amnesie-Patienten H. M. wurde bereits in Abschnitt 3.2 beim Stichwort «Kurzzeitgedächtnis» zitiert. H. M. erhielt 1953 eine beidhemisphärische Entfernung beider Hippocampi und zusätzlich großer Anteile seiner inneren Schläfenlappen. Konsequenz war, dass er nicht mehr in der Lage war, neue Episoden oder Fakten langfristig zu speichern, während sein Kurzzeitgedächtnis weiterhin normal funktionierte. Inzwischen ist H. M. im achten Lebensjahrzehnt und hat zusätzlich kognitiv stark ab-

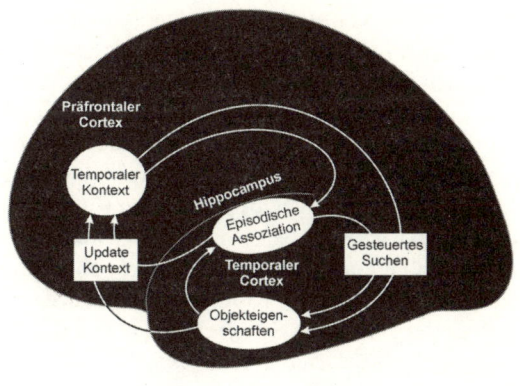

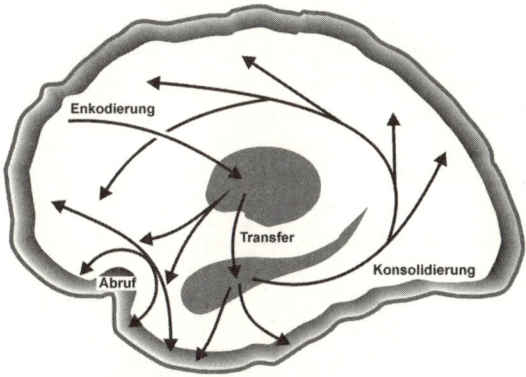

Abb. 25: Zusammenschau zur Gedächtnisverarbeitung auf Hirnebene unter Betonung der zeitlichen Aspekte, für die insbesondere Anteile des Stirnhirns relevant sind (nach Fig. 3 von Polyn & Cahana, 2007), und der Schaltkreise, die in Einspeicherung, Konsolidierung und Abruf involviert sind (nach Abb. 7.9 von Markowitsch & Calabrese, 2003).

gebaut. Über ihn existieren weit über 100 Studien, die sich zum Teil kuriosesten Themen widmeten, wie der Frage, ob er mehrere Mahlzeiten unmittelbar hintereinander verzehren würde, weil er sich ja nicht daran erinnern könne, kurz zuvor schon gespeist zu haben. Tatsächlich fand er erst bei der dritten Mahlzeit Ausflüchte, warum er nicht mehr weiteressen mochte. Neben dem Hippocampus führen aber auch beidseitige Schäden in anderen limbischen Hirnstrukturen zu gleichartigen Amnesien im Bereich der Neugedächtnisbildung. Bekannt sind einmal die zahlreichen Patienten mit so genannter Korsakowamnesie. Bei diesen kommt es – in der Regel durch lang anhaltenden massiven Alkoholabusus – zu Schäden (Degenerationen = Absterben von Nervengewebe) im Bereich des Zwischenhirns und infolgedessen zu anhaltenden Amnesien. Dieses schon im vorletzten Jahrhundert beschriebene Krankheitsbild wurde von Karl Bonhoeffer im Jahr 1901 in seiner Monographie *Die akuten Geisteskrankheiten der Gewohnheitstrinker* einer umfassenden Beschreibung unterzogen. Bonhoeffer strich einerseits die häufig unbeeinträchtigte Intelligenz dieser Patienten heraus, andererseits beschrieb er vier charakteristische, von ihm Kardinalsymptome genannte Defizite: *Merkunfähigkeit*, *Erinnerungsdefekte*, *Desorientierung* und die Tendenz zu *konfabulieren*. Die *Merkunfähigkeit* bezeichnen wir heute als anterograde Amnesie, die *Erinnerungsdefekte* als eine teilweise retrograde Amnesie; die beiden weiteren Symptome haben sich als Folgen der ersten beiden herausgebildet. Mit Bonhoeffers Beschreibung liegt zugleich ein Negativbild der normalen Informationsverarbeitung auf Hirnebene vor (Abb. 25).

Urbach-Wiethe-Patienten. Patienten mit Urbach-Wiethe-Krankheit leiden primär unter dermatologischen Problemen (Hautknötchen, veränderte Zahnstellung, Stimmbänderveränderung etc.), bei den meisten kommt es aber im Laufe der frühen Lebensjahre zu einer zusätzlichen, recht selektiven Hirnschädigung im Bereich der Amygdala (Cahill et al., 1995; Markowitsch et al., 1994; Siebert et al., 2003). Infolgedessen verarbeiten die Patienten Emotionen nicht normal (sind etwa relativ furchtlos), was auch Auswirkungen auf ihr Gedächtnis hat. Sie sind nur noch eingeschränkt in der Lage, wichtige (weil emotional bedeutende) von unwichtiger Information zu unterscheiden und behalten deswegen z. T. eher irrelevante Informationsanteile, während sie die relevanten nicht einspeichern.

Diese Patienten belegen die Bedeutung der Amygdala bei der Gedächtniseinspeicherung.

Zwischenhirnschädigung. Ein wissenschaftlich sehr ergiebiger Patient, der allerdings ein trauriges Lebensschicksal hatte, war ein Medizinprofessor und Klinikchefarzt, der nach einem Schlaganfall im Bereich des oberen Zwischenhirns seine Fähigkeit zur Neugedächtnisbildung verloren hatte – also anterograd amnestisch war (Markowitsch et al., 1993b). Er erinnerte sich zwar noch an seine Kindheit und Jugend, konnte da auch die Namen von Lehrern oder Straßennamen nennen, doch die jüngste Vergangenheit erinnerte er nicht. Schwerwiegender aber war, dass er sich nichts Neues mehr einprägen konnte. Was sein Sozialverhalten betraf, blieb seine «Fassade» erhalten, er benahm sich wie ein jovialer Chefarzt. Seine Amnesie war so massiv, dass er nicht einmal reflektierte, dass er vollkommen amnestisch war. Auf die Frage, wie er sein Gedächtnis einschätze, antwortete er, es sei «ganz normal». Und auf Nachfrage, ob er nicht doch Probleme habe, meinte er nur, er vergesse Witze schnell und auch seine Träume könne er meist nicht behalten. Er war also nicht (oder nur ganz selten) in der Lage, bewusst über seinen kognitiven Zustand zu reflektieren. Interessanterweise konnten wir zeigen, dass er langfristig Neues dennoch lernen und behalten konnte – allerdings nur auf prozeduraler Ebene und hinsichtlich Priming, also auf impliziter Gedächtnisebene (vgl. Abb. 20). Die daraus resultierende Frage, inwieweit implizites Gedächtnistraining nutzbringend für Patienten sein kann, die auf der expliziten, bewussten Ebene kein Neulernen aufweisen, wurde in den Dissertationen von Katrin Ewald (1997) und Angelika Thöne (Thöne & Markowitsch, 1995) bearbeitet. In beiden Projekten zeigte sich, dass Patienten mit vollständiger Amnesie im explizit-bewussten Bereich implizit Routinen erwerben und teilweise auch anwenden können, diese aber in der Regel nicht generalisiert werden, d. h. nur auf exakt den gelernten Bereich beschränkt bleiben. Das bedeutet, dass diese Patienten nicht mehr in der Lage sind, gelernte Routinen zu generalisieren, sie also nicht auf andere Situationen kreativ anwenden können.

6.2 Gedächtnisablagerung und Gehirn

Bei der langfristigen Speicherung von Information sind, wie schon in Abb. 12 (Kap. 3.4) gezeigt, vornehmlich Regionen der Hirnrinde in einem netzwerkartigen Zusammenspiel engagiert. Insbesondere für die Ablagerung autobiographischer Episoden kommen, wie ebenfalls in Abb. 12 zu sehen ist, noch Regionen des limbischen Systems hinzu, die für die emotionalen Charakteristika persönlicher Ereignisse relevant sind. Dass weit verzweigte corticale Netze Ereignisse und (in eingeschränkterer Vernetzung) auch Fakten repräsentieren, zeigt sich anhand von Patienten, deren Hirnrinde großflächig abgestorbene Neurone enthält. Dabei handelt es sich zum einen um Patienten mit dementiellen Zuständen (Alzheimer-Erkrankung, vaskuläre Demenz), zum anderen um solche, die einen massiven Herzinfarkt erlitten haben. Man geht zwar gewöhnlich davon aus, dass schwere Herzinfarkte lediglich Nervenzellen im Hippocampusbereich in Mitleidenschaft ziehen, wir konnten jedoch in einer Studie mittels Positronenemissionstomographie nachweisen, dass der Glukoseverbrauch (und infolgedessen die neuronale Hirnaktivität) weitflächig cortical vermindert ist (Markowitsch et al., 1997b). Bei dem untersuchten Beamten handelte es sich um einen kettenrauchenden Mann von Mitte Dreißig, der nach einem Infarkt massiv anterograd und retrograd amnestisch wurde und dessen Zustand sich trotz intensiven Gedächtnistrainings nicht änderte.

Eine mindestens ebenso krasse Symptomatik, die man früher als globale Amnesie bezeichnet hätte, zeigte ein 32-jähriger Mann, der wegen Verdacht auf Demenz eingeliefert wurde und der – wie sich durch eine kernspintomographische Aufnahme seines Hirns zeigte – derartig starke corticale Degenerationen aufwies, dass eine alleinige Betrachtung seiner Hirnbilder die Schlussfolgerung nahegelegt hätte, es handele sich um das Gehirn eines annähernd 80-jährigen Alzheimerpatienten im Endstadium der Krankheit (Kessler et al., 1999). In derartigen Fällen ist das corticale Netz, in dem Ereignisse gespeichert sind, so löchrig geworden, dass ein «Zusammenbinden» der notwendigen Details, wie in Abbildung 14 unten rechts symbolisiert, nicht mehr gelingt. Man kennt diesen Zustand von zerfließenden Traumbildern. Wir nehmen folglich an, dass Ereignisse nicht mosaikartig in einzelnen Hirnregionen zu finden sind, sondern weitflächige Netze bilden. Manche Autoren gehen sogar so weit, eine hologrammartige Repräsentation von Information auf Hirnebene anzunehmen (Bartlett & John, 1973; John, 1972). Fakten, wie das Wissen über belebte Objekte, mögen dagegen eher in einzelnen Hirnregionen zu finden sein.

6.3 Gedächtnisabruf und Gehirn

Zusammenhänge zwischen «reinen» Abrufstörungen bzw. einer so genannten Abrufblockade und Gehirnschäden sind selten, und es ist umstritten, inwiefern hier der Hirnschaden primär ursächlich ist oder eine psychische Komponente hinzukommt (Markowitsch & Piefke, 2008). Mehrere grundsätzliche, in den 1990er Jahren erschienene Arbeiten fanden, dass Patienten nach meist traumatischen Hirnschäden im Bereich des seitlichen vorderen Stirnhirns und des angrenzenden Schläfenlappenpols nicht mehr in der Lage waren, große Bereiche ihrer persönlichen Vergangenheit abzurufen; dies insbesondere dann, wenn die Läsionskonstellation (vorwiegend) rechtshirnig war (Markowitsch et al., 1993a; Kroll et al., 1997). Umgekehrt ließ eine (vorwiegend) linkshirnige Schädigungskombination in den gleichen Arealen den Zugang zum Faktengedächtnis blockiert erscheinen (Markowitsch et al., 1999a).

Das eigentlich Interessante bei diesen Patienten ist die Selektivität ihrer Ausfälle. Bei den meisten, d.h. bei den vorwiegend rechts «frontotemporal» (Kroll et al., 1997) Geschädigten, finden sich (a) eine meist vollständige Abrufblockade für episodisch-autobiographische Erinnerungen, (b) ein erhaltenes Wissenssystem, einschließlich Rechnen, Schreiben, Lesen und der Fähigkeit, normale soziale Umgangsformen zu pflegen, (c) eine erhalten gebliebene Fähigkeit zur bleibenden Aufnahme neuen Wissens und neuer Episoden, die allerdings häufig von einer reduzierten emotionalen Schwingungsfähigkeit begleitet sind

(Markowitsch, 2000, 2008a, b). Damit gleichen die Symptome und Ausfälle grundsätzlich denen, die auch nach dissoziativen (psychogenen) Amnesien auftreten (Reinhold et al., 2006).

Es stellt sich damit die theoretisch bedeutende Frage, können oder «wollen» diese Patienten ihre Erinnerungen nicht mehr hervorholen? Diese Frage berührt zentral diejenige nach der Verschränkung von Psyche und Gehirn. Nehmen wir das Beispiel des in Markowitsch et al. (1993a, b) beschriebenen Patienten E. D. Zuvor als bedeutender Manager in einer großen Firma tätig, ist er nach seinem Reitunfall mit massiver Schädigung im temporofrontalen Bereich kaum mehr in der Lage, selbstständig zu entscheiden, ob ein Papierkorb geleert werden sollte oder nicht. Gleichwohl befindet er sich grundsätzlich in einer Lebensumgebung, die der vor der Hirnschädigung entspricht: Seine Frau ist weiterhin Firmenmanagerin genau wie er, Haus und Landhaus in der Toskana gehören weiterhin zu seinem Besitz, und auch der Lebensstil seiner Frau hat sich nicht geändert. Auch wenn die Erinnerung daran fehlt, bleibt doch grundsätzlich die Möglichkeit bestehen, Vergleiche anzustellen, über sich und seinen Zustand zu reflektieren. Demzufolge muss dem Patienten auffallen, dass Leute, die sich so wie er geben, eher dort anzutreffen sind, wo Landhaus und Lancia nicht zum Ambiente gehören. Da die emotionale Verarbeitung von Umweltreizen trotz der Hirnschädigung noch weitgehend intakt ist, wird sich bei E. D. eine Diskrepanz auftun, die vermutlich mit einem weiteren Ausblenden der so nicht wieder erlangbaren Vergangenheit einhergeht. Amnestisch gegenüber der eigenen Vergangenheit zu sein, lässt sich in seinem Fall stimmiger mit dem eigenen Dasein kombinieren, als sich der eigenen Inferiorität gegenüber der sozialen Umgebung (insbesondere der Ehefrau) immer bewusst sein zu müssen. Hierin sehe ich einen Mechanismus, der die Amnesie verstärkt und aufrechterhält, ohne dass der eigentliche Hirnschaden dafür direkt ursächlich sein muss.

7. Gedächtnisstörungen aufgrund psychischer und psychosomatischer Probleme

In den letzten Jahren findet sich eine Zunahme psychischer Störungen bei einer gleichzeitigen Abnahme traditioneller Krankheiten (Herz-Kreislauf-Erkrankungen, Erkrankungen der Atemwege). Änderungen im Lebensstil, höhere Lebenserwartung, eine erhöhte Sensitivität für psychische Probleme und weitere Variablen dürften hierfür verantwortlich sein.

7.1 Transiente globale Amnesien

Ein Krankheitsbild, das eng mit der zunehmenden Lebenserwartung zusammenhängt, nennt sich ‹transiente globale Amnesie› (TGA) und führt – wie der Name nahelegt – zu einer kurzzeitigen (< 1 Tag), aber schwerwiegenden Amnesie, die vorwiegend anterograde, aber auch teilweise retrograde (entsprechend dem Ribot'schen Gesetz; s. unter Kap. 1.1 Dynamik des Gedächtnisses) Gedächtnisinhalte betrifft (Markowitsch, 1990). Die Betroffenen sind in der Regel über 60 Jahre alt und wirken verwirrt und beunruhigt, wiederholen sich häufig hinsichtlich banaler Fragen nach ihrem Gedächtnis, den näheren Umständen u.ä. Unmittelbare Auslöser der TGA sind entweder physische oder psychische Stressereignisse. Hierzu zählen insbesondere das plötzliche Eintauchen in kaltes oder warmes Wasser, andere plötzliche Temperaturunterschiede (z.B. Flug in ein exotisches Land), anstrengender Geschlechtsverkehr (beispielsweise mit neuem/neuer Partner/in) oder emotionaler Stress (z.B. plötzliche, emotional sehr aufwühlende Nachricht). Eigentliche Ursache scheinen vorübergehende Vasokonstriktionen in Blutgefäßen des Gehirns zu sein, die die Funktion des medialen Schläfenlappens beeinträchtigen. Entspannung durch (Schlaftabletten-induzierten) Schlaf reinstituiert das Gedächtnis. TGA stellt somit einen Übergang dar zu Krankheitsbildern, die durch externe, stressreiche Reizung ausgelöst werden.

7.2 Psychogene Amnesien

Bei den so genannten dissoziativen Krankheitsbildern – psychisch bedingten Störungen der Motorik, von Sensorik und Wahrnehmung sowie von Gedächtnis und Identität – dominieren hingegen die psychische Komponente und dementsprechend die Umwelt. Dissoziative Störungen im motorischen Bereich können zu Lähmungen führen, solche im Wahrnehmungsbereich zu Sehstörungen oder Taubheit. Es zeichnet diese psychogenen Amnesien aus, dass durch umweltinduzierte (Stress-)Ereignisse der Gedächtnisabruf selektiv, aber durchaus langfristig blockiert sein kann (wir kennen Fälle, bei denen der Verlust der Autobiographie seit über einer Dekade besteht), und dies mit allen Folgen einer solchen Amnesie. Hierzu zählen – wie man sich denken kann – Probleme im Verhältnis zum Lebenspartner und zur weiteren sozialen Umgebung: Die psychogenen Amnestiker wissen nicht mehr, wie sie sich vormals gegenüber ihrem Partner oder ihrer Partnerin verhalten haben, wann sie in welcher Weise mit ihm oder ihr Intimitäten austauschten, sich küssten oder sich umarmten.

Wir haben mehr als zwei Dutzend derartiger psychogener Amnestiker untersucht und bei allen ein gemeinsames Muster festgestellt: eine problematische Kindheit oder Jugend mit augenscheinlich nicht ausreichend verarbeiteten Stressereignissen; nachfolgend dann – meist im jüngeren Erwachsenenalter – ein oder mehrere weitere Stressereignisse, die durchaus banalerer Natur sein können, weil die Patienten inzwischen eine «dünne Haut» haben. Der Vorgang, der zu derartigen Amnesien führen kann, ist in Tabelle 6 festgehalten, Beispiele finden sich in Tabelle 7.

Wie Freud schon in seinen psychoanalytischen Beschreibungen, so beobachteten Fries und Mitarbeiter (2005) mittels biochemischer Analysen, dass das Fehlen einer gesunden, behüteten Kindheit das weitere Leben signifikant beeinflussen kann.

Tab. 6: Stressinduzierte Interdependenzen zwischen Gehirn und Verhalten (nach Aldenhoff, 1997, und Markowitsch, 2000)

Frühes psychogenes oder biologisches Trauma

⇩

Biologische Wunde
(Veränderung der Rezeptorstruktur)

⇩

Hypersensitivität für erregende Überträgerstoffe

⇩

Erste Latenzphase

⇩

**(Re-)Aktivierung
über psychische Mechanismen**
(Trauer, Leid, Deprivation, Rollenkonflikte etc.)
oder biologische Ereignisse
(Unfall, Operation, Infektionen etc.)

⇩

Fehlende adäquate emotional-kognitive Verarbeitung

⇩

Zweite Latenzphase

⇩

Emotional-kognitive Dissoziation

⇩

Psychobiologische Stressreaktion
(Veränderung des Cortisolhaushalts,
Zunahme der Zahl der ß-Rezeptoren)

⇩

Eventuelle Depression

⇩

Mnestisches Blockadesyndrom

Die Autoren untersuchten das Vorhandensein von Bindungshormonen bei ehemaligen russischen und rumänischen Waisenkindern, die unter sehr schlechten Verhältnissen die ersten drei

Tab. 7: Beispiele von Patienten mit dissoziativen Amnesiezuständen, die wir untersuchten.

Alter und ggf. Geschlecht	Auslösendes Ereignis	Amnesiezustand und weitere dissoziative Symptome
17, w	Vier unter mysteriösen Umständen verstorbene Mitschüler	vollständige AA
30, m	Soldat, Autounfall mit Gehirnerschütterung	vollständige AA
33, m	Bewusstlos im Bad aufgefunden	AA für die letzten 14 Jahre
35, m	Fugue* von Deutschland nach Sibirien nach hohem Geldverlust	vollständige AA
35, w	Chirurgische Operation (nach vielen vorausgegangenen OPs)	AA für die letzten 14 Jahre, temporär motorische und perzeptuelle Störungen
42, w	Treppensturz	vollständige AA
30, m	Treppensturz	vollständige AA
50, m	Treppensturz im Berufsumfeld, zuvor Mobbing, familiäre Probleme	vollständige AA
28, m	Fugue von Süddeutschland nach Norddeutschland	vollständige AA
50, m	Fugue von Berlin über Frankfurt nach Hamburg. Lebensbedrohliche Situation in Frankfurt (?)	vollständige AA
29, w	Schockerlebnis mit Ermordetem oder schwer Verletztem in China	vollständige AA
16, w	Treppensturz, private Probleme	vollständige AA & SA
18, w	Mononucleosis, Schulstress, Trennung vom Freund	vollständige AA & SA
52, w	Missbrauch in der Kindheit	vollständige AA für die Zeit zwischen dem 10. und dem 16. Lebensjahr
37, m	Fugue nach familiärer Konfliktsituation	vollständige AA
46, m	Depression nach vielfältigen familiären Konfliktsituationen	vollständige AA
27, w	Autounfall mit Gehirnerschütterung	vollständige anterograde Amnesie seit 1994, visuelle und auditive Wahrnehmungsstörungen

m = männlich, w = weiblich, AA = autobiographische Amnesie, SA = semantische Amnesie, Verlust des Allgemeinwissens
* Unter Fugue versteht man eine dissoziative Amnesie mit zusätzlicher Entfernung («Flucht») vom Heimatort.

oder vier Lebensjahre in Waisenhäusern verbracht hatten und anschließend von amerikanischen Familien adoptiert worden waren. (Bindungshormone wie Oxytocin und Vasopressin werden von Mutter und Kind beispielsweise beim Stillen eingesetzt, um die Bindung zwischen beiden zu stärken, aber auch beim Geschlechtsverkehr Erwachsener.) Selbst drei bis vier Jahre nach der Adoption wiesen sie noch sehr niedrige Werte an Bindungshormonen auf, was darauf schließen lässt, dass diese Kinder langfristig soziale Probleme haben werden, wie die Autoren betonten.

Ein typischer Fall war ein 37-jähriger Familienvater, der eines Morgens mit dem Fahrrad Frühstücksbrötchen besorgen wollte. Statt aber damit zurückzukommen, machte er sich auf den Weg nach Frankfurt, ohne eine Erinnerung daran zu haben, warum er unterwegs war. Noch eklatanter war, dass er auch keinerlei Erinnerung mehr an seine eigene Person hatte. Er berichtete später, in Schaufensterscheiben geschaut, mit dem eigenen Gesicht aber keinerlei Assoziationen oder Bekanntheitsgefühle verknüpft zu haben. In Frankfurt traf er auf «Landstreicher», die ihm rieten, doch zum Bahnhof zu fahren. Dort angekommen, meinte eine Frau von der Heilsarmee, er solle doch die nahegelegene Universitätspsychiatrie aufsuchen. Dort wurde ihm ein dissoziativer Fuguezustand attestiert. Er fühlte sich in der Klinik wohl, bekam jedoch kurzfristig keine Mahlzeiten, da bezüglich seiner Identität ein N. N. vermerkt war, woraus die Küche schloss, der Patient solle erst noch eingeliefert werden. Die Idee eines Assistenzarztes, ihm stattdessen die provisorische Identität Norbert Neumann (statt N. N.) zu geben, gefiel ihm, und er benutzte diesen Namen auch nach Offenlegung seiner Identität lieber als den eigenen. Seine Frau hatte ihn zur Fahndung ausschreiben lassen und nach knapp zwei Wochen wurde er schließlich identifiziert. Doch statt seine Frau zu erkennen, meinte er, man wolle ihn verkuppeln. Schließlich ging er doch zu seiner Familie zurück, beschwerte sich dort aber gleich darüber, wie man mit solchen Möbeln und Tapeten leben könne.

Wie sich herausstellte, war er das einzige Kind eines sich häufig zankenden Ehepaares – beide Alkoholiker. Seine Mutter hätte statt seiner gerne eine Tochter geboren, weswegen sie ihn die ersten fünf Lebensjahre in Mädchenkleider steckte, ihn auch als Mädchen erzog, sich später aber über sein eher weibliches Verhalten beschwerte. Er heiratete eine Frau, die in ihrer Dominanz der Mutter in nichts nachstand, nahm auch ihren Nachnamen als gemeinsamen Familiennamen an und wurde von ihr immer wieder ermahnt, sich doch bitte mehr zu engagieren und mehr Geld für die Familie zu verdienen. Eine kurz bevorstehende Urlaubsreise der Familie, die im Auto unternommen werden sollte, für die ihm aber die Geldmittel fehlten, löste offensichtlich den Fuguezustand aus. Sein Fall erinnert an einen schon um die vorletzte Jahrhundertwende beschriebenen Fall eines Fuguepatienten, der von Franken bis in die französische Schweiz radelte, dessen Erkrankung vom behandelnden Landarzt aber wohl fälschlich als «epileptischer Dämmerzustand» diagnostiziert wurde (Burgl, 1900).

Ganz selten kann auch das umgekehrte Phänomen auftreten, nämlich eine erhaltene Autobiographie bei gleichzeitig langfristig existenter anterograder Amnesie. Eine von uns untersuchte Patientin (Markowitsch et al., 1999b) konnte bis August 1994 alle möglichen Fakten und Details erinnern, danach jedoch, ab September 1994 bis in die Gegenwart, war sie unfähig, neue Ereignisse langfristig so einzuspeichern. Beispielsweise konnte sie auf Befragen zum Namen Reemtsma zwar angeben, dass dieser in Hamburg Gebäude auf der Hafenstraße aufgekauft hatte – was vor 1994 war –, nicht aber, dass er entführt worden war – was 1997 geschah. Ähnlich verhielt es sich beim Stichwort Christo, wo sie zwar erinnerte, dass dieser in Frankreich Bäume an der Seine eingewickelt (vor 1994), nicht aber, dass er in Berlin den Reichstag verhüllt hatte (nach 1994). Zum persönlichen Hintergrund der Patientin lässt sich festhalten, dass sie eine problematische Kindheit (u. a. mit Scheidung der Eltern) und kurz nacheinander zwei sehr ähnlich verlaufene Autounfälle hatte.

Insgesamt zeigen die angeführten Fallbeispiele, dass Umweltereignisse gerade dann, wenn sie mit einer problembeladenen

Kindheit oder Jugend einhergehen, im späteren Leben zu psychogenen Amnesien von teilweise anhaltender Dauer führen können. Diese Zusammenhänge sind seit langer Zeit bekannt; allerdings gelang es erst in den letzten Jahren, hierfür die in Tabelle 6 angeführten biochemischen Faktoren auszumachen und darüber hinaus zu zeigen, dass Stress das Gehirn nachhaltig verändert. Mittels funktioneller Hirnbildgebung (Glukose-PET) konnten wir belegen, dass die Hirnregionen, die für die Koppelung von Emotion und Kognition (Faktengedächtnis) sowie für den Abruf autobiographischer Ereignisse relevant sind, in ihrer Aktivität massiv reduziert waren (Markowitsch, 1999a, b; Reinhold et al., 2006). Bei erfolgreicher Therapie und Wiederkehr der Erinnerungen können sie umgekehrt aber auch wieder zum Normalzustand zurückgebracht («wieder hochgefahren») werden (Markowitsch et al., 2000a).

8. Gedächtnistraining

Jeder ist daran interessiert, eine möglichst umfassende Gedächtnis- und Erinnerungsfähigkeit zu behalten. Dennoch muss fast jeder feststellen, dass nach der fünften Lebensdekade seine Fähigkeit abnimmt, sich Nachnamen zu merken und sich auf mehrere Vorgänge gleichzeitig zu konzentrieren. In weitaus krasserer Form finden sich derartige Probleme, wenn, wie oben ausgeführt, bei einer Person eine Hirnschädigung hinzukommt. Es ist also nicht verwunderlich, dass Methoden und Techniken zur Verbesserung des Gedächtnisses Konjunktur haben. Die Werbung dafür wartet häufig mit dem Argument auf, dass wir nur einen Bruchteil unserer Gehirnkapazität in Anspruch nähmen und infolgedessen ein weitaus größeres Potential hätten, als wir gemeinhin nutzen. Dass dem nicht so ist, habe ich weiter oben dargelegt (Drachman, 2005). Trotzdem haben wir natürlich grundsätzlich ein plastisches Gehirn und verfügen auf der Verhaltensseite über eine Vielfalt von Techniken; einzelne – und für den Alltagsgebrauch oft nicht allzu sinnvolle – können dabei erstaunlich schnell zu frappierenden Resultaten führen. So trat in einer Fernsehsendung mit dem Titel «Die Grips-Show» ein ehemaliger Zivildienstleistender auf, der bereits die erste Folge gesehen hatte, in der mehrere Gedächtniskünstler aufgetreten waren. In der ein Jahr später stattfindenden zweiten Ausgabe der Show demonstrierte er nun, dass er seine Zivildienstzeit dazu genutzt hatte, die Zahl $\pi = 3,14159$ auf 2000 Stellen hinter dem Komma auswendig zu lernen – und dies bei einem Abiturnotendurchschnitt von 3,4. Verwundern muss eine derartige Extremleistung gleichwohl nicht, da ja auch Savants (so genannte Inselbegabte mit meist geringer Intelligenz und häufig autistischen Zügen) und viele andere Personen mit sehr niedrigem Intelligenzquotienten außergewöhnliche Rechenleistungen zeigen – etwa über Jahrhunderte die exakten Ostertage angeben können. Häufig sind derartige Personen nicht in der Lage, ein selbstständiges Leben zu führen und komplexere Rechenoperationen durchzuführen, haben jedoch ein eigenes, einfaches, aber äußerst effektives System entwickelt, mittels dessen sie nahezu fehlerfrei in Sekundenschnelle zu richtigen Lösungen kommen (s. die umfassende Beschreibung in Markowitsch, 1992). Für «Otto Normalverbraucher» zählt hingegen, inwieweit das Training von Gedächtnisleistungen im Alltag von Nutzen ist, sich generalisieren lässt und langfristig wirksam bleibt. Und dies ist häufig in nur geringem Ausmaß gegeben, wie wir in einer Metaanalyse schon vor vielen Jahren feststellen mussten (Deisinger & Markowitsch, 1991; s.a. Markowitsch, 2003c).

Im Folgenden sollen Voraussetzungen für Bildung und Erhalt einer guten Merk- und Erinnerungsfähigkeit dargestellt und bewertet werden.

8.1 Voraussetzungen für ein gutes Gedächtnis

Im Grunde lässt sich konstatieren, dass ein gutes Gedächtnis auf einer gesunden und vielseitigen, aber nicht überbordenden Stimulierung im Kindheitsalter basiert. Wir haben hierzu eine Vielzahl von Arbeiten publiziert (Brand & Markowitsch, 2004, 2005, 2006a, b, in Druck; Piefke & Markowitsch, in Druck). Grundsätzlich muss natürlich daran erinnert werden, dass Menschen ungleich sind. Die vielen Ungleichheiten stellen in der Psychologie einen eigenen Bereich, den der differentiellen Psychologie, dar. Sie besagen hinsichtlich Lernen und Gedächtnis nicht nur, wie schon oben erwähnt, dass Menschen von unterschiedlicher Intelligenz sind und sich auf vielen weiteren intellektuellen Ebenen voneinander unterscheiden; sie besagen vor allem, dass Menschen unterschiedlichen Lerntypen angehören, was für den Erwerb und die Nutzung mnemonischer Techniken wichtig ist. Am bekanntesten sind die Eidetiker, die die fokussierte Umgebung – also etwa eine Buchseite – nach kurzer Wahrnehmung vor ihrem geistigen Auge weiterhin detailliert präsent haben und somit die Möglichkeit besitzen, relativ viel Information kondensiert aufzunehmen und abzuspeichern. Insbesondere der Bereich der Schule (Brand & Markowitsch, 2006a, b, in Druck), lässt die Differenzierung einer Vielzahl von Lerntypen zu; im Prinzip lässt sich dies aber auch auf Erwachsene übertragen. Neben dem Eidetiker finden wir so den «Groupie», der am besten im Rahmen von Gleichgesinnten, also in sozialer Umgebung, lernt; den «Technikfreak», der mehr auf Maschinen (Computer) als auf menschliche Interaktion vertraut und durch «mechanisches» Feedback besser als durch persönliches lernt (Calabrese & Markowitsch, 1995); den «Auditor», der bei der Aufnahme von Information bestimmte Modalitäten (Sehen, Hören, …) bevorzugt; oder den «Tuer», der am besten multimodal oder unter praktischer Anwendung lernt. Schließlich kann man den Ausdruck «Pacemaker» für den Bücherwurm benutzen, der seine individuelle Aufnahme- und Verarbeitungsgeschwindigkeit konsequent nutzt. Unterscheiden lassen sich auch die Rationalisten, die primär am Stoff interessiert sind, von den Idealisten, die primär Interesse an der Person zeigen, die den Lernstoff vermittelt. Ein äußerst wichtiger Terminus in diesem Zusammenhang ist «learning to learn»: Er besagt, dass es wichtiger ist, Techniken der Informationsaneignung zu lernen, als nur Fakten im Kopf zu sammeln.

Da wir unterschiedliche Gedächtnissysteme haben (s. Kap. 4.2 und Abb. 20) ist eine Stimulierung der mit den einzelnen Gedächtnissystemen verbundenen Hirnregionen für eine optimale Einspeicherung ebenso sinnvoll und notwendig wie eine spätere aktive und passive Vertiefung des neu Aufgenommenen. Passiv geschieht diese vor allem durch ausreichenden Schlaf, aktiv durch Übung und Verwendung der neu aufgenommenen Information in möglichst verschiedenartigen Kontexten und Zusammenhängen. Dadurch kommt es zu einer weitmaschigen Vernetzung («Assoziationsbildung»), mit der Konsequenz, dass dann ganz unterschiedliche Reize den späteren Abruf des neu Gelernten auslösen.

8.2 Grundlagen für Gedächtnistraining

MEMO steht für vier Grundregeln des Gedächtnistrainings (Thöne-Otto & Markowitsch, 2004):

- *Multiple Representations*
- *Everyday Situations*
- *Minimize Errors* und
- *One at a time*

Mit *Multiple Representations* ist gemeint, dass Lernen Zeit und Wiederholungen braucht. Selbst bei optimalen Strategien erfordert eine erfolgreiche Einspeicherung von Information in der Regel deren Wiederholung, am besten in zeitlich unterbrochenen Abschnitten. *Everyday Situations* bedeutet das Training in alltagsnahen Situationen – es nützt ja wenig, in einer künstlichen Laborsituation sinnlose Silben zu pauken, wichtig sind Übertragbarkeit und Anwendung für den Praxisgebrauch. Dabei sind Fehler zu vermeiden – *Minimize Errors,* da diese sonst mitgelernt werden könnten. Dies gilt insbesondere für ältere oder in ihrer Lernfähigkeit beeinträchtigte Probanden. Motivation und Anstrengungsbereitschaft sind dabei aufrechtzuerhalten. *One at a time* schließlich steht für «Weniger ist mehr», auch dies umso eher, je beeinträchtigter oder ungeübter eine Person ist.

Diese Richtlinien sind natürlich nicht universell anwendbar – Kinder etwa können als wahre «Lernmaschinen» bezeichnet werden, sie nehmen sehr vieles in sehr kurzer Zeit nahezu mühelos und automatisch auf. Bekannt ist zum Beispiel, dass Kinder Erwachsenen beim Memory-Spiel meist überlegen sind, da sie (wie übrigens auch Affen) ohne Umkodierung in Sprache, im Grunde eidetisch-visuell, die relevante Information speichern.

Minimize Errors bedeutet natürlich auch, dass man eine Lernumgebung herstellt, die der Informationsaufnahme förderlich ist. Störende Nebengeräusche, ablenkende visuelle Reize und andere interferierende Umstände sind zu vermeiden, aufmerksamkeitsfördernde Konstellationen dagegen zu unterstützen.

Dabei sollte man bedenken, dass die Aufmerksamkeit selbst ein komplexes Konstrukt ist. Man unterscheidet strukturelle und energetische Aspekte von Aufmerksamkeit. Zu den strukturellen zählt die selektive Aufmerksamkeit, die Fähigkeit, sich konzentrieren zu können, weiterhin die geteilte Aufmerksamkeit, die Fähigkeit, mehrere Reizquellen gleichzeitig zu beachten. Die energetischen Aspekte meinen die Fähigkeit, sich möglichst lange konzentrieren zu können (Daueraufmerksamkeit) und darüber hinaus, sich zur rechten Zeit konzentrieren und zur rechten Zeit abschalten zu können. Natürlich ist dabei auch das Niveau des Lernstoffs von Bedeutung – hier sind Über- wie Unterforderungen zu vermeiden und gleichzeitig die Motivation im Auge zu behalten. Wo Lernüberlastung droht, sollte auf externe Gedächtnishilfen zurückgegriffen werden (Handy, Tagebuch, Pinnwand, Zeichen und Markierungen setzen etc.). Für viele spielt heute schon das Handy oder das Notebook die Rolle eines «zweiten Gehirns».

8.3 Spezielle Trainingshilfen und -methoden

Seit der Antike versuchen Menschen, ihr Gedächtnis zu optimieren und dazu Methoden und Hilfsmittel anzuwenden. So lässt sich die *Methode der Orte* oder *Loci-Methode* auf den griechischen Philosophen Simonides zurückführen. Dazu wählt man einen bestimmten Ort, der einem gut bekannt ist, und ordnet die zu merkenden Objekte etwa einzelnen Zimmern oder Möbelstücken zu. Dann lässt man beispielsweise im Uhrzeigersinn die Möbel vor seinem geistigen Auge passieren und kommt dabei auf die zu merkenden Items. Simonides war auf diese Weise imstande zu rekonstruieren, welche Personen unter einer in Pompeji eingestürzten Halle lagen. Eine weitere beliebte Merkhilfe ist das systematische Durchgehen des Alphabets *(erster Buchstabe als Hinweisreiz)* – beispielsweise, um auf einen bestimmten Namen zu kommen. Eine weitere Möglichkeit, sich Namen leichter zu merken, ist die Zuordnung von Gesichtern zu Namen.

Andere Techniken sind die *Schlüsselworttechnik* und das *Chaining*. Bei der Schlüsselworttechnik benutzt man phonetisch ähnliche Worte als Schlüsselworte oder bildet visuelle Assoziationen. Beim Chaining werden Verbindungen zwischen Wörtern, Objekten oder Charakteristika hergestellt, um sich daran zu erinnern. So kann man einen Satz bilden, in dem die jeweiligen Wörter vorkommen. Das jeweils vorausgehende Element dient dabei als Anstoß («Trigger») für das nächste.

Reimen hat sich besonders beim Lateinlernen bewährt. Beliebtes Beispiel: «Uter, alter, neuter, nullus, alius erfordern alle ius in dem zweiten Falle, doch im dritten setze sie stets mit einem langen i». Die Technik ist aber nicht auf das Lateinische beschränkt. In die gleiche Kategorie fallen Merkhilfen wie das *bildhafte Vorstellen* und die *Assoziationsbildung*. Das bildhafte Vorstellen oder Vergegenständlichen sollte dabei auf möglichst bizarre oder kuriose Weise erfolgen, so dass man sich das Bild unmittelbar ins Gehirn rufen kann (z.B. den Pfeife rauchenden Walfisch).

Phonetische und andere *Substitutionen* stellen weitere Gedächtnishilfen dar. Wer Fuß statt Meter als Längenmaß benutzt, kann sich den Berg Fuji leicht als «Kalenderberg» merken: Er ist 12365 Fuß hoch, nämlich die Zahl der Monate (12), gefolgt von der Zahl der Tage (365) eines Jahres. Abkürzungen wie NATO, USA, EU, CDU, FDP etc. sind allgemein bekannte Substitutionen. Und schließlich wird immer wieder eine Methode angepriesen, mit der man sich die Inhalte von Texten besonders gut einprägen können soll – die *PQRST-Technik*. PQRST steht für Preview, Question, Read, State und Test und soll besagen, dass man den Text zuerst überfliegt, sich danach Fragen zum Text stellt, den Text daraufhin gründlich liest, anschließend seinen Inhalt mit eigenen Worten formuliert und schließlich nach längerer Zeit nochmals testet, was man behalten hat.

8.4 Allgemeine Regeln und Richtlinien

Das Stichwort «Gehirnjogging» steht heute für drei wesentliche Aspekte des Lernens: Lernen soll Spaß machen, man soll dabei individuell vorgehen und als hirngesunder Mensch den Lern- bzw. Übungsstoff variieren. Dadurch erreicht man eine Stimu-

lierung beider Hirnhälften. Wir wissen, dass die Großhirn-
hemisphären auf unterschiedliche Aufgaben programmiert sind.
Vereinfacht gesagt, stellt die linke Hirnhälfte die rationale und
die rechte die emotionale Seite dar. Links wird sequentiell und
detailliert verarbeitet; Planen, Messen und Beurteilen sind wichtige Funktionen, die über diese Hirnhälfte gesteuert werden.
Ihre Stärke ist die logische, rationale und quantitative Analyse.
Strukturieren, Kontrollieren und Planen sind weitere Eigenschaften des linken Cerebrums. Ganz andersartig sind hingegen
die Attribute und Eigenschaften der rechten Hirnhälfte. Diese
arbeitet holistisch-ganzheitlich, kreativ und intuitiv sowie ein-
fallsreich und konzeptionell. Eine weitere Stärke des rechten
Cerebrums ist die simultane Analyse. Rechts denken wir vor
allem in Bildern, links in Worten. Will man das ganze Hirn sti-
mulieren und fit halten, muss man «Futter» für beide Hemisphären, möglichst gerecht verteilt, liefern.

Gedächtnistraining sollte aus einer Kombination anstrengender und anspruchsvoller sowie entspannender und aufgelo-
ckerter Anteile bestehen. Auch ist es generell günstig, soziale
und gemeinschaftliche Aktivitäten als Ergänzung zu individuellen zu nutzen. Wichtig ist darüber hinaus, das Gehirn durch
den Körper zu aktivieren, d. h., die körperliche Motorik trägt
ganz entscheidend dazu bei, das Gehirn «durchzupusten»:
Durch körperliche Aktivität werden Endorphine – körpereigene
Opiate – freigesetzt, die den Betreffenden positiv gestimmt sein
lassen und ihn dazu motivieren, neuen Situationen und Anfor-
derungen aktiv zu begegnen. Man sieht, *mens sana in corpore
sano*, der gesunde Geist im gesunden Körper ist entscheidend
für das Wohlbefinden und die geistige Flexibilität von der frühen Kindheit bis ins hohe Lebensalter. Eine gesunde, vielseitige
Ernährung ergänzt die körperlichen Komponenten, die die
Grundlagen geistiger Fitness bilden. Ausreichender Schlaf und
eine Reduktion von Stresssituationen bilden weitere Komponenten, die helfen, bis ins hohe Alter geistig fit und flexibel zu
bleiben. *Use it or loose it* lautet die Devise, nach der wir unsere
Hirnwindungen flexibel arbeiten lassen.

8.5 Gedächtnistraining bei Patienten

Gedächtnistraining ist also in eine Vielzahl von Variablen eingebettet, die über den Erfolg des Trainings mit entscheiden. Die Vielfalt potenziert sich noch bei Patienten mit Gedächtnisstörungen. Bei diesen Patienten ist häufig die Motivation oder der Wille eingeschränkt, an sich zu arbeiten und für sich und die eigene Zukunft etwas zu tun. Ihnen fehlt der Mut oder die Einsicht, sie fühlen sich durch ihre Krankheit in ihrem Fortleben behindert und verfügen nicht über die entsprechende Voraussicht oder Perspektive. Auch können sie Einschränkungen in ihren motorischen oder sensorischen Fähigkeiten und Fertigkeiten haben, die ihnen eine Wissensaneignung erschweren. Insofern ist es notwendig, diesen Patienten zuerst wieder ein positives Lebensgefühl zu vermitteln, ihre Persönlichkeit zu stabilisieren und sie zu einem interaktiven sozialen Leben zurückzuführen. Die Wissenschaft hat hierzu eine Reihe von Verfahren entwickelt, die sich zu einer auf das jeweilige Individuum zugeschnittenen Therapie zusammenstellen lassen. Vorrangiges Ziel ist in der Regel die Persönlichkeitsstabilisierung; erst nachfolgend – und häufig weiterhin von psychotherapeutischen Programmen begleitet – wird so genanntes Hirnleistungstraining, oder eben speziell Gedächtnistraining, angeboten. So soll der Patient zwar einerseits intellektuell gefordert, andererseits aber vor Überlastung geschützt werden, da diese zu Resignation führen würde. Dem Patienten werden Techniken vermittelt, um seine Erinnerung nach außen zu verlagern oder von außen Unterstützung durch so genannte externe Gedächtnishilfen (etwa die bereits erwähnten Notizbücher, Handys, Pinnwände und Notebooks) zu erhalten. Darüber hinaus bestehen auch medikamentöse Hilfestellungen. Zwar gibt es noch keine simple Gedächtnispille, jedoch eine boomende Forschung an *Neuroenhancern*, die Konzentrationsfähigkeit, Aufnahmebereitschaft usw. stärken und zukünftig wohl auch gezielten Informationserwerb und vor allem die langfristige Informationsablagerung stützen können. Zur Festlegung der Strategien und Ziele der Übungsprogramme bedarf es der Unterstützung von therapeutischer Seite. Was will bzw. kann man realistisch erreichen? Eine Funktionsrestitution, also ein gleich gutes Gedächtnis wie vor dem Hirnschaden (Funktionswiederherstellung oder -verbesserung)? Eine Funktionskompensation, also einen anspruchsloseren, aber effektiven Ersatz für die vorherige Leistungsfähigkeit? Oder will man vor allem die Lebenszufriedenheit des Patienten wieder erhöhen? Im letzteren Fall muss es vorrangig darum gehen, die Erwartungen und Ziele des Patienten und seiner sozialen Umgebung zu diskutieren und zu modifizieren.

8.6 Schlussfolgerungen

Fast jeder Mensch wünscht sich ein besseres Gedächtnis. Um das zu erreichen bzw. altersbedingten Abbauerscheinungen entgegenzuwirken, bedarf es einer ehrlichen Bestandsaufnahme der eigenen Fähigkeiten und des eigenen Leistungsniveaus. Darauf aufbauend muss man sich realistische Ziele und Etappenziele setzen. Gedächtnistraining sollte kein Muss, sondern ein Wunsch sein und bleiben, die Lebenszufriedenheit ist hier das höherwertige Gut. Geistige Flexibilität sollte mit körperlicher, sozialer und emotionaler einhergehen. Der Mensch lebt als Einheit und nicht als Lernmaschine. Wie wir wissen, waren die meisten Gedächtniskünstler nicht unbedingt glückliche Menschen (Lurija, 1971; Parker et al., 2006).

9. Gedächtnis über die Lebensspanne

«Gedächtnis lässt im Alter nach» – lautet ein Standardspruch. Grundsätzlich hat dies seine Richtigkeit, wenngleich man sich – wie immer – vor Verallgemeinerungen hüten muss. Der berühmte Gedächtnisforscher Endel Tulving bezeichnete Kinder als «Lernmaschinen», die Wissen in sich hineinsaugen und dabei offensichtlich kaum mit zu viel Information überfrachtet werden können. Kinder können aber auch gleichzeitig verschiedene Informationsquellen rekrutieren (geteilte Aufmerksamkeit zeigen), was uns Erwachsenen schwerer fällt. Die Gründe hierfür sind vielfältig: Kinder, wie auch Tiere, zeigen einen natürlichen Hang zur Neugier und ziehen – vor die Alternative gestellt – immer Neues schon Bekanntem vor. Das kindliche Gehirn ist in der Entwicklung begriffen, es expandiert von einem Pfund Gewicht bei Geburt auf drei Pfund im erwachsenen Zustand. Damit geht eine starke Zunahme der Verknüpfungen zwischen Neuronen einher und somit eine optimale Fähigkeit zur Assoziationsbildung. Man spricht auch von «Zeitfenstern» oder «kritischen Perioden», in denen eine entsprechende Umweltreizung optimal aufgenommen und verarbeitet wird, während dies nach Schließen des betreffenden Zeitfensters schwierig(er) wird. Ein gutes Beispiel dafür ist die Sprachentwicklung: Kleinkinder können zwei und selbst drei Sprachen simultan erlernen; je später man aber mit dem Fremdsprachenerwerb beginnt, desto schwerer fällt das Sprechenlernen und desto stärker mischt sich ein muttersprachlicher Akzent in die neu erlernte Sprache.

Das Gesagte lässt sich in vielen weiteren Bereichen in ähnlicher Weise finden. Das junge Gehirn ist in vielerlei Hinsicht aufnahmefähig, das alternde dagegen hat vor allem bei zeitabhängigen Vorgängen Probleme. Die passive Wissensansammlung (z. B. passiver Wortschatz, Kenntnis von Fremdwörtern) nimmt mit dem Lebensalter zu, man hat «Erfahrungen» gesammelt, die es einem ermöglichen, neue Situationen mit schon da gewesenen zu vergleichen und so schneller als in jungen Jahren zu Lösungen zu kommen. Andererseits bedeutet zunehmende Ansammlung von Wissen auch eine Zunahme von Interferenz – d. h., Altes und lange Abgespeichertes gerät in Konflikt mit Neuem. Routinen («prozedurales Gedächtnis») gelingen weiterhin, aber ansonsten nehmen mit zunehmendem Alter die meisten Gedächtnisleistungen ab, insbesondere solche, die ein aktives Manipulieren mit Information verlangen. In Kapitel 1.1 wurde im Abschnitt «Formen des Erinnerns» auf die drei Abrufformen «freier Abruf», «Abruf mit Hinweisreizen» und «Wiedererkennen» verwiesen. Naturgemäß vom Alterungsprozess am stärksten betroffen, ist der freie Abruf, der am meisten kognitive Anstrengung verlangt. Der folgende Brief demonstriert, wie Vergessen aussehen kann, wenn es zu einem über die so genannte benigne Altersvergesslichkeit hinausgehenden Gedächtnisabbau kommt:

Sehr geehrter Herr Prof. Markowitsch!

Sie sind meine Letzte Hoffnung, um meinen Mann zu helfen. Ich habe Ihren Artikel gelesen «Wie alt bin ich?», Der mir etwas Hoffnung gemacht hat. Mein Mann ist 62 Jahre alt und seit 5 Jahren in Behandlung wegen Depressionen. Er hat immer verschiedene Tabletten bekommen, aber keine haben einen Erfolg gezeigt. Er hat keinerlei Erinnerung an sein früheres Leben. Auch beim Essen weiß er nicht was er isst. Das einzige, was er noch weiß wie das geht, ist Autofahren, das hat er immer gern gemacht. Das hat sich in seinem Kopf festgesetzt. Angefangen hat alles nach der Wende, er war sehr oft arbeitslos und hatte Angst wie es weiter geht, da noch das Haus abzuzahlen ist. Auch in seiner Jugend hat er viel durchgemacht, ich weiß nicht wie ich das alles schreiben soll, der Brief soll ja auch nicht so lang werden. Er hat sich total von den Menschen zurückgezogen, da ihm jedes Geräusch zu viel ist. Ich würde mich freuen etwas von Ihnen zuhören.

Mit freundlichen Grüßen

Für die meisten älter werdenden Menschen fängt die benigne Altersvergesslichkeit mit einem Nachlassen des Namensgedächtnisses an, gefolgt von Problemen bei der Rekonstruktion vergangener Abläufe. Zudem verkürzt sich für den alternden Menschen die Zeit in der Weise, dass die Jahre schneller zu vergehen scheinen. Was im pathologischen Fall als Zeitrafferphänomen auftritt (s. Kap. 3.3 «Zeit und Gedächtnis»), findet sich im Alter als Grundgegebenheit. Ebenso ist jedem von Gesprächen seiner Großeltern bekannt, dass diese zunehmend dem Ribot'schen Gesetz entsprechend (s. Kap. 1.1 «Dynamik des Gedächtnisses») ihre Jugenderinnerungen hervorkramen und weniger über die letzten Lebensdekaden berichten. Das in dieser Form zum ersten Mal Erlebte und Erfahrene sowie auch später immer wieder Abgerufene und in einem neuen Kontext Re-enkodierte (vgl. Abb. 1), wird wieder aktiviert und präsentiert. Ebenfalls ein typisches Phänomen des höheren Lebensalters ist das bevorzugte Hervorholen positiv besetzter Erinnerungen oder die stärkere positive Kolorierung von zuvor nicht so positiv konnotierten Erlebnissen.

Leichte kognitive Beeinträchtigung und Demenz. Alterungsvorgänge, die von pathologischen Hirnabbauerscheinungen begleitet sind, führen naturgemäß zu stärkeren Einschränkungen des Gedächtnisses. Sie können über Vergesslichkeit bis hin zu massiven Defekten auf einer Reihe kognitiver Ebenen führen. Auch in diesem Fall geht wiederum vor allem die Fähigkeit zur Neugedächtnisbildung früh verloren, während das Altgedächtnis noch relativ lange – und auch wieder dem Ribot'schen Gesetz entsprechend – erhalten bleibt. Darüber hinaus kommt es zu Veränderungen der Persönlichkeit, verbunden auch mit starken emotionalen Schwankungen. Der Diagnose einer ‹leichten kognitiven Beeinträchtigung› muss dabei nicht zwangsweise die einer ‹Demenz› folgen, jedoch liegt die jährliche Konverterrate im zweistelligen Prozentbereich.

Der Mensch ist das Produkt seiner Vergangenheit – Erinnerung das ideelle Korrelat seines Lebens. Das Gesagte dürfte deutlich gemacht haben, dass Gedächtnis unser Leben wesentlich ausmacht und wir – im Gegensatz zu Tieren – in unserem sozialen und kulturellen Leben hochgradig auf Erinnerungen zurückgreifen. Seit Jahrhunderten hat der Mensch neben der Erzählkultur, die Erinnerungen tradiert, eine Vielzahl von Techniken und Medien entwickelt, die ein Bewahren von Wissenswertem ermöglichen – Bücher, Ton- und Filmdokumentationen, aber auch Zeichnungen (Höhlenmalereien), Denkmäler und Lieder sind Beispiele dafür. Lassen Sie mich mit einem Gedicht von Annette von Droste-Hülshoff schließen:

ERINNERUNG

Ich denke dein im trauten Kreis der Freunde,
Ich denke dein in dem Gewühl der Schlacht,
Ich denke dein beim Neidgezisch der Feinde,
Und wenn die Felsenkluft vom Donner kracht.

Ich denke dein im finstern Stadtgewühle
Und in dem Tal, wo nur der Hirte pfeift,
Ich denke dein in sehnsuchtsvoller Stille
Und auf dem Feld, wo schon die Ähre reift.

Ich denke dein, ich sitze oder stehe,
Du schwebst, o Traute, überall um mich
Und, wenn in stiller Schwermut leis ich gehe,
Vergeß ich alles, alles; nur nicht dich.

Literatur

Abe N et al. (2007) Selective impairment in the retrieval of family relationships in person identification: a case study of delusional misidentification. *Neuropsychologia 45, 2902–9*

Aldenhoff J (1997) Überlegungen zur Psychobiologie der Depression. *Nervenarzt 68, 379–89*

Aschoff J (1965) Circadian rhythms in man. *Science 148, 1427–32*

Baars BJ, Franklin S (2003) How consciousness experience and working memory interact. *TCS 7, 166–72*

Baddeley A (1997) *Human memory: Theory and practice* (rev. ed.). Hove, UK: Psychology Press

Baddeley AD (2001) Is working memory still working? *Am Psychol 56, 851–64*

Bargh JA, Chartrand L (1999) The unbearable automaticity of being. *Am Psychol 54, 462–79*

Bartlett F, John ER (1973) Equipotentiality quantified: The anatomical distribution of the engram. *Science 181, 764–7*

Boehm SG et al. (2006) Neural correlates of perceptual contributions to nondeclarative memory for faces. *Neuroimage 30, 1021–9*

Bonhoeffer K (1901) *Die akuten Geisteskrankheiten der Gewohnheitstrinker.* Jena: Fischer.

Bouman L, Gruenbaum AA (1929) Eine Störung der Chronognosie und ihre Bedeutung im betreffenden Symptomenbild. *Monatsschr Psychiatr Neurol 73, 1–39*

Branchimonte D et al. (1996) *Prospective memory: Theory and applications.* Mahwah, NJ: LEA

Brand M, Markowitsch HJ (2004) Lernen und Gedächtnis. *Praxis Naturwiss 7, 1–7*

Brand M, Markowitsch HJ (2005) Gedächtnisstörungen: Möglichkeiten von Diagnostik und Therapie. *Forum Logopädie 4, 20–6*

Brand M, Markowitsch HJ (2006a) Lernen und Gedächtnis aus neurowissenschaftlicher Perspektive – Konsequenzen für die Gestaltung des Schulunterrichts. In U Herrmann (Hrsg), *Initialisierung einer wünschenswerten wechselseitigen Lerngeschichte* (pp. 60–76). Weinheim: Beltz

Brand M, Markowitsch HJ (2006b) Was weiß die Hirnforschung über Lernen? *Ztschr Erziehungswiss 9 (Beiheft 5), 21–42*

Brand M, Markowitsch HJ (in Druck) Was sagt die Hirnforschung zu Lernen und Gedächtnis? *Im Dialog*

Brodmann K (1909) *Vergleichende Lokalisationslehre der Grosshirnrinde in ihren Prinzipien dargestellt auf Grund des Zellenbaues.* Leipzig: Barth

Buckner RL, Carroll DC (2007) Self-projection and the brain. *TCS 11*, 49–57

Buckner RL et al. (2000) Functional MRI evidence for a role of frontal and inferior temporal cortex in amodal components of priming. *Brain 123*, 620–40

Burgess PW et al. (2007) The gateway hypothesis of rostral prefrontal cortex (area 10) function. *TCS 11*, 290–8

Burgl G (1900) Eine Reise in die Schweiz im epileptischen Dämmerzustande und die transitorischen Bewusstseinsstörungen der Epileptiker vor dem Strafrichter. *Münchn med Wochenschr 37*, 1270–3

Butters N (1984) Alcoholic Korsakoff's syndrome: An update. *Sem Neurol 4*, 226–44

Cahill L et al. (1995) Involvement of the amygdaloid complex in emotional memory. *Nature, 377*, 295–6

Calabrese P et al. (1996) Right temporofrontal cortex as critical locus for the ecphory of old episodic memories. *J Neurol Neurosurg Psychiatry 61*, 304–10

Calabrese P, Markowitsch HJ (1995) Recovery of mnestic functions after hypoxic brain damage. *Internat J Rehab Health 1*, 247–60

Calabrese P, Markowitsch HJ (2003) Neuropsychologie des Gedächtnisses. In H Förstl (Hrsg), *Lehrbuch der Gerontopsychiatrie und -psychotherapie* (2. Aufl.). (S. 75–86). Stuttgart: Thieme

Chiaravalloti ND, Glosser G (2004) Memory for faces dissociates from memory for location following anterior temporal lobectomy. *Brain Cogn 54*, 35–42

Clayton NS et al. (2007) Social cognition by food-caching corvids. The western scrub-jay as a natural psychologist. *Phil Trans Roy Soc Lond B 362*, 507–22

Clayton NS, Dickinson A (1998) Episodic-like memory during cache recovery by scrub jays. *Nature 395*, 272–4

Colon R et al. (2007) General intelligence and memory span: Evidence for a common neuroanatomic framework. *Cogn Neuropsychol 24*, 867–78

Corkin S (2002) What's new with the amnesic patient H. M.? *Neuroscience 3*, 153–60

Covey E et al. (Eds) (1993) *Neural representation of temporal patterns.* New York: Plenum Press

Cowan N (2000) The magical number 4 in short-term memory: A reconsideration of mental storage capacity. *Behav Brain Sci 24*, 87–185

Craik FIM, Lockhart RS (1972) Levels of processing: a framework for memory research. *J Verb Learn Verb Behav 11*, 671–84

Damasio AR (1995) *Descartes' Irrtum.* München: List

Damasio AR (1999) *The feeling of what happens. Body and emotion in the making of consciousness.* San Diego: Harcourt

Daniele Zannino G et al. (2006) Analysis of the semantic representations of living and nonliving concepts: A normative study. *Cogn Neuropsychol 23*, 515–40

Deisinger K, Markowitsch HJ (1991) Die Wirksamkeit von Gedächtnistrainings in der Behandlung von Gedächtnisstörungen bei Hirngeschädigten. *Psychol Rdsch 42*, 55–65

Dennis NA et al. (2007) Effects of aging on true and false memory formation. An fMRI study. *Neuropsychologia 45*, 3157–66

de Waal FBM et al. (2005) The monkey in the mirror: Hardly a stranger. *PNAS 102*, 11140–7

Dolan RJ et al. (2001) Crossmodal binding of fear in voice and face. *PNAS 98*, 10006–10

Drachman DA (2005) Do we have brain to spare? *Neurology 64*, 2004–5

Driessen M et al. (2004) Different fMRI activation patterns of traumatic memory in borderline personality disorder with and without additional posttraumatic stress disorder. *Biol Psychiatry 55* 603–11

Droste-Hülshoff A von (1998) *Sämtliche Gedichte.* Frankfurt am Main: Insel

Dudai Y (1996) Consolidation: Fragility on the road to the engram. *Neuron 17*, 367–70

Dudai Y (2004) The neurobiology of consolidations, or, how stable is the engram? *Ann Rev Psychol 55*, 51–86

Dudai Y, Eisenberg M (2004) Rites of passage of the engram: reconsolidation and the lingering consolidation hypothesis. *Neuron 44*, 93–100

Einzmann S (2007) 9/11. Und wo waren Sie? *Gehirn & Geist 12*, 17–20

Ewald K (1997) *Computer assisted mnemonic strategy acquisition and tailored memory training approaches: A study with brain injured individuals.* Berlin: Logos

Fahle M (1994) Human pattern recognition: parallel processing and perceptual learning. *Perception 23*, 411–27

Federenko IS et al. (2006) The heritability of perceived stress. *Psychol Med 36*, 375–85

Feuchtwanger E (1923) *Die Funktionen des Stirnhirns.* Berlin: Springer

Fink GR et al. (1996) Cerebral representation of one's own past: neural networks involved in autobiographical memory. *J Neurosci 16*, 4275–82

Fischer SM et al. (2005) Motor memory consolidation in sleep shapes more effective neuronal representations. *J Neurosci 25*, 11248–55

Freud S (1900) *Die Traumdeutung.* Leipzig: Deuticke

Fried J (2004) *Der Schleier der Erinnerung. Grundzüge einer historischen Memorik.* München: CH Beck

Fries AB et al. (2005) Early experience in humans is associated with changes in neuropeptides critical for regulating social behavior. *PNAS 102*, 17237–40

Fujiwara E et al. (2004) Brain correlates of functional retrograde amnesia in three patients. *Brain Cogn 54*, 135–6

Fujiwara E et al. (2008) Functional retrograde amnesia: a multiple case study. *Cortex 44*, 29–45

Gilboa A (2004) Autobiographical and episodic memory – one and the same? Evidence from prefrontal activation in neuroimaging studies. *Neuropsychologia 42*, 1336–49

Gleissner U et al. (1997) Evidence of very fast memory consolidation: An intracarotid amytal study. *NeuroReport 8*, 2893–6

Gloning I et al. (1955) Die Störung von Zeit und Raum in der Hirnpathologie. *Wien Ztschr Nervenhlk 10*, 346–77

Govindarajan A et al. (2006) A clustered plasticity model of long-term memory engrams. *Nature Rev Neurosci 7*, 575–83

Härting C et al. (2000) *Die Wechsler-Memory-Scale Revised. Deutschspr Adaptat*. Bern: Huber.

Harpaz-Rotem I, Hirst W (2005) The earliest memories in individuals raised in either traditional and reformed kibbutz or outside the kibbutz. *Memory 13*, 51–62

Heidegger M (1957) *Satz der Identität*. Rede gehalten anlässlich der 500-Jahr-Feier der Albert-Ludwig-Universität Freiburg. Zitiert aus *Frankfurter Allgemeine Zeitung*, 2007, Nr. 162 vom 16.7.2007, S. 3, Beitrag «Der Mehrwert der Freiburger Schule» von Rüdiger Soldt

Henke K et al. (1993) Subliminal perception of pictures in the right hemisphere. *Consciousn Cogn 2*, 225–36

Hering E (1870) *Ueber das Gedächtnis als eine allgemeine Funktion der organisierten Materie. Vortrag gehalten in der feierlichen Sitzung der Kaiserlichen Akademie der Wissenschaften in Wien am XXX. Mai MDCCCLXX*. Leipzig: Akad Verlagsges

Hodges JR, McCarthy RA (1993) Autobiographical amnesia resulting from bilateral paramedian thalamic infarction, *Brain 116*, 921–40

Hofer A et al. (2007) Neural substrates for episodic encoding and recognition of unfamiliar faces. *Brain Cogn 63*, 174–81

Hoffman KL et al. (2007) The upshot of up states in the neocortex: from slow oscillations to memory formation. *J Neurosci 27*, 11838–41

Hutchins E (1995) How a cockpit remembers its speed. *Cogn Sci 19*, 265–88

Izquierdo I, Medina JH (1997) Memory formation: The sequence of biochemical events in the hippocampus and its connection to activity in other brain structures. *Neurobiol Learn Mem 68*, 285–316

Janet P (1894) *Der Geisteszustand der Hysteriker (Die psychischen Stigmata)*. Leipzig: Deuticke

Janowsky JS et al. (1989) Memory and metamemory: Comparisons between patients with frontal lobe lesions and amnesic patients, *Psychobiol 17*, 3–11

John ER (1972) Switchboard versus statistical theories of learning and memory. *Science 177*, 850–64

John ER et al. (1987) Do 15 million cat neurons mediate the memory of a circle and a star? Response. *Science 238*, 1587–8

Kapur N et al. (1997) Very long-term amnesia in association with temporal lobe epilepsy: evidence for multiple-stage consolidation process. *Brain Cogn 35*, 58–70

Karni A, Bertini B (1997) Learning perceptual skills: behavioral probes into adult cortical plasticity. *Curr Opin Neurobiol 7*, 530–5

Keane MM et al. (1995) Double dissociation of memory capacities after bilateral occipital-lobe or medial temporal-lobe lesions. *Brain 118*, 1129–48

Kessler J et al. (1999) Degenerative prefrontal damage in a young adult: Static and dynamic imaging and neuropsychological correlates. *Neurocase 5*, 173–9

Kim H, Cabeza R (2007) Trusting our memories: Dissociating the neural correlates of confidence in veridical versus illusory memories. *J Neurosci 27*, 12190–7

Kleist K (1934) *Gehirnpathologie*. Leipzig: Barth

Knowlton B, Greenberg DL (2008) Implicit learning and memory. In G Goldenberg, B Miller (Eds), *Handbook of clinical neurology, Vol. 88 (3rd series): Neuropsychology and behavioral neurology* (pp. 225–36). New York: Elsevier

Knowlton BJ et al. (1996) A neostriatal habit learning systems in humans. *Science 273*, 1399–402

Kroll N et al. (1997) Retrieval of old memories – the temporo-frontal hypothesis. *Brain 120*, 1377–99

Kühnel S, Markowitsch HJ (2008) *Falsche Erinnerungen*. Heidelberg: Spektrum

Kühnel S et al. (2008) Involvement of the orbitofrontal cortex during correct and false recognitions of visual stimuli. Implications for eyewitness decisions on an fMRI study using a film paradigm. *Brain Imag Behav 2*, 163–76

LaBar KS, Cabeza R (2006) Cognitive neuroscience of emotional memory. *Nature Rev Neurosci 7*, 54–64

Laiacona M et al. (2000) Do living and nonliving categories need further fractionation? A study of picture naming in a pathological sample. *Brain Cogn 43*, 1–5

Langnickel R, Markowitsch HJ (2006) Repression and the unconsciousness. *Behav Brain Sci 29*, 524–5

Lashley KS (1929) *Brain mechanisms and intelligence*. Chicago: Chicago Univ. Press

Lashley KS (1950) In search of the engram. *Soc Exptl Biol, Symp No. 4*, 454–82

Lugaresi A et al. (1987) Lack of vegetative and endocrine circadian rhythms in fatal familial thalamic degeneration. *Clinic Endocrinol 26*, 573–80

Lurija AR (1971) *Der Mann, dessen Welt in Scherben ging*. Reinbek bei Hamburg: Rowohlt

Markowitsch HJ (1985) Hypotheses on mnemonic information processing by the brain. *Internat J Neurosci* 27, 191–227

Markowitsch HJ (1988) Individual differences in memory performance and the brain. In HJ Markowitsch (Ed), *Information processing by the brain* (pp. 125–148). Toronto: H. Huber

Markowitsch HJ (Ed) (1990) *Transient global amnesia and related disorders*. Toronto: Hogrefe & Huber Publs

Markowitsch HJ (1992) *Intellectual functions and the brain. An historical perspective*. Toronto: Hogrefe & Huber Publs

Markowitsch HJ (1993) Lernen: Bewußt – unbewußt – implizit – explizit – prozedural – semantisch – episodisch – priming. Ein Kommentar zu Hoffmanns Bericht über «Unbewußtes Lernen». *Psychol Rundsch* 44, 106–8

Markowitsch HJ (1994) Effects of emotion and arousal on memory processing by the brain. In J Delacour (Ed), *Memory, learning and the brain* (pp 210–240). Singapore: World Scientific

Markowitsch HJ (1995) Which brain regions are critically involved in the retrieval of old episodic memory? *Brain Res Rev* 21, 117–27

Markowitsch HJ (1999a) Functional neuroimaging correlates of functional amnesia. *Memory* 7, 561–83

Markowitsch HJ (1999b) Neuroimaging and mechanisms of brain function in psychiatric disorders. *Curr Opin Psychiatry* 12, 331–337

Markowitsch HJ (2000) Repressed memories. In E. Tulving (Ed), *Memory, consciousness, and the brain: The Tallinn conference* (pp. 319–330). Philadelphia, PA: Psychology Press

Markowitsch HJ (2001) Mnestische Blockaden als Stress- und Traumafolgen. *Z Klin Psychol Psychother* 30, 204–211

Markowitsch HJ (2002) Functional retrograde amnesia – mnestic block syndrome. *Cortex* 38, 651–4

Markowitsch HJ (2003a) Autonoëtic consciousness. In AS David, T Kircher (Eds), *The self in neuroscience and psychiatry* (pp 180–196). Cambridge: Cambridge Univ. Press

Markowitsch HJ (2003b) Psychogenic amnesia. *NeuroImage* 20, S132–S138

Markowitsch HJ (2003c) Memory: Disturbances and therapy. In T Brandt et al. (Eds), *Neurological disorders; Course and treatment* (2nd ed) (pp. 287–302). San Diego: Academic Press.

Markowitsch HJ (2004) Das Bewusstsein. *Anästhesiol Intensivmed* 39, 627–633

Markowitsch HJ (2005) Time, memory, and consciousness. A view from the brain. In R Buccheri et al. (Eds), *Endophysics, time, quantum, and the subjective* (pp 131–47). Singapur: World Scientific

Markowitsch HJ (2006) Memory and memory disorders. Neuroimaging correlates of organic damage and psychic disorders. In Q Jing et al. (Eds), *Psychological science around the world* (Vol. 1) (pp. 129–42). Hove, UK: Psychology Press

Markowitsch HJ (2007) Amnesien. In F Schneider, GR Fink (Hrsg), *Funktionelle Kernspintomographie in Psychiatrie und Neurologie* (pp 479–90). Stuttgart: Schattauer

Markowitsch HJ (2008a) Anterograde amnesia. In G Goldenberg, B Miller (Eds), *Handbook of clinical neurology, Vol. 88 (3rd series): Neuropsychology and behavioral neurology)*(pp 155–83). New York: Elsevier

Markowitsch HJ (2008b) Gedächtnis und Brain Imaging. *Fortschr Neurol Psychiatr 76 (Suppl 1)*, S1–6

Markowitsch HJ (2008c) Cultural memory and the neurosciences. In A Erll, A Nünning (Eds), *Cultural memory studies. An international and interdisciplinary handbook (VII)* (pp. 275–83). New York: de Gruyter

Markowitsch HJ, Calabrese P (2003) Neuropschologie des Gedächtnisses. In H Förstl (Ed), Lehrbuch der Gerontopsychiatrie und -psychotherapie (pp 75–86). Stuttgart: Thieme

Markowitsch HJ et al. (1993a) Retrograde amnesia after traumatic injury of the temporo-frontal cortex. *J Neurol Neurosurg Psychiatry 56*, 988–92

Markowitsch HJ et al. (1993b) Mnestic performance profile of a bilateral diencephalic infarct patient with preserved intelligence and severe amnesic disturbances. *J Clin Exp Neuropsychol 15*, 627–52

Markowitsch HJ et al. (1994) The amygdala's contribution to memory – A PET-study on two patients with Urbach-Wiethe disease. *NeuroReport 5*, 1349–52

Markowitsch HJ et al. (1997a) Persistent psychogenic amnesia with a PET-proven organic basis. *Cogn Neuropsychiatry 2*, 135–58

Markowitsch HJ et al. (1997b) Patients with heart attacks are not valid models for medial temporal lobe amnesia. A neuropsychological and FDG-PET study with consequences for memory research. *Eur J Neurol 4*, 178–84

Markowitsch HJ et al. (1998) Psychic trauma causing grossly reduced brain metabolism and cognitive deterioration. *Neuropsychologia 36*, 77–82

Markowitsch HJ et al. (1999a) Retrograde amnesia for famous events and faces after left fronto-temporal brain damage. *Cortex 35*, 243–52

Markowitsch HJ et al. (1999b) Functional amnesia and memory consolidation. A case of persistent anterograde amnesia with rapid forgetting following whiplash injury. *Neurocase 5*, 189–200

Markowitsch HJ et al. (1999c) Mnestic block syndrome. *Cortex 35*, 219–30

Markowitsch HJ et al. (2000a) Neuroimaging and behavioral correlates of recovery from ›mnestic block syndrome‹ and other cognitive deteriorations. *Neuropsychiatr Neuropsychol Behav Neurol 13*, 60–6

Markowitsch HJ et al. (2000b) Right amygdalar and temporofrontal activation during autobiographic, but not during fictitious memory retrieval. *Behav Neurol 12*, 181–90

Markowitsch HJ et al. (2003) Engagement of lateral and medial prefrontal areas in the ecphory of sad and happy autobiographical memories. *Cortex 39*, 643–65

Markowitsch HJ, Ewald K (1997) Right-hemispheric fronto-temporal injury leading to severe autobiographical retrograde and moderate anterograde episodic amnesia. *Neurol Psychiatr Brain Sci 5*, 71–8

Markowitsch HJ, Piefke M (2008) The functional anatomy of learning and memory. In JM Gurd et al. (Eds), *Handbook of clinical neuropsychology* (2nd ed) (pp. xx-xx). Oxford: Oxford Univ. Press

McCarthy RA, Hodges JR (1995) Trapped in time: Profound autobiographical memory loss following a thalamic stroke. In R Campbell, MA Conway (Eds), *Broken memories. Case studies in memory impairment* (pp. 31–44). Oxford: Blackwell

McClelland JL et al. (1995) Why there are complementary learning systems in the hippocampus and neocortex: Insights from the successes and failures of connectionist models of learning and memory. *Psychol Rev 102*, 419–57

McGaugh JL (2000) Memory – a century of consolidation. *Science 287*, 248–51

McGaugh JL (2002) Memory consolidation and the amygdala: a systems perspective. *TINS 25*, 456–61

Messner R (1998) *Grenzbereich Todeszone*. Köln: Kiepenheuer & Witsch

Miller GA (1956) The magical number seven plus minus two. Some limits on our capacity for processing information. *Psychol Rev 63*, 244–57

Milner B et al. (1968) Further analysis of the hippocampal amnesic syndrome: Fourteen year follow-up study of H. M. *Neuropsychologia 6*, 215–34

Milsmann B (1995) Zeitabhängiges Erleben bei Todesangst. Unveröff. Diplomarbeit, Univ. Bielefeld

Mishkin M (1982) A memory system in the monkey. *Phil Trans Roy Soc Lond B 298*, 85–95

Mishkin M, Petri HL (1984) Memories and habits: Some implications for the analysis of learning and retention. In LR Squire, N Butters (Eds), *Neuropsychology of memory* (pp 287–96). New York: Guilford

Mondadori C et al. (1991) How long does «memory consolidation» take? New compounds can improve retention performance, even if administered up to 24 hours after the learning process. *Brain Res 555*, 107–11

Morgap E (1995) *The descent of the child: Human evolution from a new perspective*. Oxford: Oxford Univ. Press

Moscovitch M, Nadel L (1998) Consolidation and the hippocampal complex revisited; in defense of the multiple-trace model. *Curr Opin Neurobiol 8*, 297–300

Neisser U, Libby LK (2000) Remembering life experiences. In E Tulving, FIM Craik (Eds), *The Oxford handbook of memory* (pp. 315–32). New York: Oxford Univ. Press

Nelson K (2006) Über Erinnerungen reden: Ein soziokultureller Zugang zur Entwicklung des autobiographischen Gedächtnisses. In H Welzer, HJ Markowitsch (Hrsg), *Warum Menschen sich erinnern können. Fortschritte in der interdisziplinären Gedächtnisforschung* (S. 78–94). Stuttgart: Klett

Nelson K, Fivush R (2004) The emergence of autobiographical memory: a social cultural developmental theory. *Psychol Rev 111*, 486–511

Noulhiane M et al. (2007) Autobiographical memory after temporal lobe resection: neuropsychological and MRI volumetric findings. *Brain 130*, 3184–99

Nunez E, Sweetster E (2006) With the future behind them: Convergent evidence from Aymara language and gesture in the crosslinguistic comparison of spatial construals of time. *Cogn Sci 30*, 1–49

Ochsner KN et al. (1994) Varieties of priming. *Curr Opin Neurobiol 4*, 189–94

O'Connor M et al. (1997) Accelerated forgetting in association with temporal lobe epilepsy and paraneoplastic encephalitis. *Brain Cogn 35*, 71–84

O'Shea MF et al. (1994) Can metamemory be localized? *J Clin Exp Neuropsychol 16*, 640–6

Paller KA et al. (2007) Validating neural correlates of familiarity. *TCS 11*, 243–50

Parker ES et al. (2006) A case of unusual autobiographical remembering. *Neurocase 12*, 35–49

Payk TR (1979) *Mensch und Zeit – Chronopathologie im Grundriss*. Stuttgart: Hippokrates

Penn DC et al. (2008) Darwin's mistake : Explaining the discontinuity between human and nonhuman minds. *Behav Brain Sci 31*, 109–30

Piefke M et al. (2003) Differential remoteness and emotional tone modulate the neural correlates of autobiographical memory. *Brain 126*, 850–68

Piefke M, Markowitsch HJ (in Druck) Hirnforschung, Lernen und Gedächtnis. *Psychologieunterricht*

Piekema C (2007) *Medial temporal lobe involvement in binding in memory*. Enschede: Ipskamp

Plotnik JM et al. (2006) Self-recognition in an Asian elephant. *PNAS 103*, 17053–7

Polyn SM, Cahana MJ (2007) Memory search and the neural representation of context. *TCS 12*, 24–30.

Pöppel E (1985) *Grenzen des Bewußtseins*. Stuttgart: Deutsche Verlagsanstalt

Premack D (2007) Human and animal cognition: Continuity and discontinuity. *PNAS 104*, 13861–7

Pribram KH (1986) Nonlocality and localization in the primate forebrain. In SB Filskov, TJ Boll (Eds), *Handbook of clinical neuropsychology (Vol. 2)* (pp 606–51). New York: Wiley

Pribram KH et al. (1967) Electrocortical correlates of stimulus, response and reinforcement. *Science 157*, 94–6

Pritzel M (2006) *Die «Traumzeit» im kollektiven Gedächtnis australischer Ureinwohner.* Heidelberg: Asanger

Ranganath C, Blumenfeld RS (2005) Doubts about double dissociations between short- and long-term memory. *TCS 9*, 374–80

Reinhold N et al. (2006) Functional neuroimaging in memory and memory disturbances. *Curr Med Imag Revs 2*, 35–57

Reinhold N, Markowitsch HJ (2007) Stress und Trauma als Auslöser für Gedächtnisstörungen: Das mnestische Blockadesyndrom. In M Leuzinger-Bohleber et al. (Hrsg), *Psychoanalyse, Neurobiologie, Trauma* (pp 118–31). Stuttgart: Schattauer

Reisberg B et al. (1982) The Global Deterioration Scale for assessment of primary degenerative dementia. *Am J Psychiatry 139*, 1136–9

Rempel-Clower NL et al. (1996) Three cases of enduring memory impairment after bilateral damage limited to the hippocampal formation. *J Neurosci 16*, 5233–55

Ribot T (1881) *Les maladies de la mémoire.* Paris: Ballière. (dtsch. 1882: *Das Gedächtnis und seine Störungen.* Hamburg: Voss)

Richardson JTE (2007) Measures of short-term memory: A historical review. *Cortex 43*, 635–50

Robertson LT (2002) Memory and the brain. *J Dent Educ 66*, 30–41

Röttger-Rössler B (2008) Gravestones for butterflies: Social feeling rules and individual experiences of loss. In B Röttger-Rössler, HJ Markowitsch (Eds), *Emotions as bio-cultural processes* (pp 165–80). New York: Springer

Rolls ET (2007) The representation of information about faces in the temporal and frontal lobes. *Neuropsychologia 45*, 124–43

Rosenbaum RS et al. (2005) «Where to?» Remote memory for spatial relations and landmark identity in former taxi drivers with Alzheimer's disease and encephalitis. *J Cogn Neurosci 17*, 446–62

Roskies AL (1999) The binding problem. *Neuron 24*, 7–9

Schmidtke K, Vollmer H (1997) Retrograde amnesia: A study of its relation to anterograde amnesia and semantic memory deficits. *Neuropsychologia 35*, 505–18

Schulte-Rüther M et al. (2007) Mirror neuron and theory of mind mechanisms involved in face-to-face interactions: an fMRI approach to empathy. *J Cogn Neurosci 19*, 1354–72

Schumacher R, Stern E (2007) Lerne lieber unbewusst. *Gehirn & Geist 12*, 22–7

Semon R (1904) *Die Mneme als erhaltendes Prinzip im Wechsel des organischen Geschehens.* Leipzig: Engelmann

Shadmehr R, Holcomb HH (1997) Neural correlates of motor memory consolidation. *Science 277*, 821–5

Shulz DE (2000) Memories of memories: The endless alteration of the engram. *Neuron 28*, 25–9

Siebert M et al. (2003) Amygdala, affect, and cognition: Evidence from ten patients with Urbach-Wiethe disease. *Brain 126*, 2627–37

Singer W (1995) Time as a coding space in neocortical processing: A hypothesis. In M. Gazzaniga (Ed), *The cognitive neurosciences* (pp. 91–104). Cambridge, MA: MIT Press

Singer W (2001) Neuronal synchrony as a binding mechanism. In NJ Smelser, PB Baltes (Eds) *International encyclopedia of the social and behavioral sciences* (pp 10567–70). Oxford: Elsevier

Sinz R (1979) *Neurobiologie und Gedächtnis*. Stuttgart: G Fischer

Skurnik I et al. (2005) How warnings about false claims become recommendations. *J Consumer Res 31*, 713–24

Slotnick SD, Schacter DL (2006) The nature of memory related activity in early visual areas. *Neuropsychologia 44*, 2874–2886

Squire LR, Knowlton BJ (2000) The medial temporal lobe, the hippocampus, and the memory system of the brain. In MS Gazzaniga (Ed), *The new cognitive neurosciences* (2nd ed) (pp 765–779). Cambridge, MA: MIT

Stevens MC (2007) Functional neural circuits of mental timekeeping. *Hum Brain Mapp 28*, 394–408

Stickgold R, Walker MP (2005) Memory consolidation and reconsolidation. What is the role of sleep? *TINS 28*, 408–15

St. Jacques PL et al. (2008) The short and long of it: Neural correlates of temporal-order memory for autobiographical events. *J Cogn Neurosci 20*, 1327–41

Suddendorf T, Corballis MC (2007) The evolution of foresight: What ist mental time travel and is it unique to humans? *Behav Brain Sci 30*, 335–51

Thompson RF, Kim JJ (1996) Memory systems in the brain and localization of memory. *PNAS 93*, 13428–44

Thöne AIT, Markowitsch HJ (1995) Möglichkeiten des Erwerbs neuer Informationen bei chronisch alkoholabhängigen Patienten mit Gedächtnisstörungen. Ein Vergleich verschiedener Trainingsstrategien. *Verhaltensmed Heute 5*, 59–63

Thöne-Otto AIM, Markowitsch HJ (2004) *Gedächtnisstörungen nach Hirnschäden. Serie Klinische Neuropsychologie*. Göttingen: Hogrefe

Tommasi LA et al. (2003) Separate processing mechanisms for encoding of geometric and landmark information in the avian hippocampus. *Eur J Neurosci 17*, 1695–702

Treadway M et al. (1992) Landmark life events and the organization of memory: Evidence from functional retrograde amnesia. In S.-A. Christianson (Ed), *The handbook of emotion and memory* (pp 389–441). Hillsdale, NJ: LEA

Tronson NC, Taylor JR (2007) Molecular mechanisms of memory reconsolidation. *Nature Rev Neurosci 8*, 262–75

Tulving E (1972) Episodic and semantic memory. In E Tulving, W Donaldson (Eds), *Organization of memory* (pp 381–403). New York: Academic Press

Tulving E (1983) *Elements of episodic memory.* Oxford: Clarendon

Tulving E (1995) Organization of memory: quo vadis? In MS Gazzaniga (Ed), *The cognitive neurosciences* (pp. 839–47). Cambridge, MA: MIT

Tulving E, Markowitsch HJ (1998) Episodic and declarative memory: Role of the hippocampus. *Hippocampus 8*, 198–204

Unsworth N, Engle RW (2007) On the division of short-term and working memory: An examination of simple and complex span and their relation to higher order abilities. *Psychol Bull 133*, 1038–66

Wade KA et al. (2002) A picture is worth a thousand lies: Using false photographs to create false childhood memories, *Psychonom Bull Rev 9*, 597–603

Welt L (1888) Ueber Charakterveränderungen des Menschen infolge von Läsionen des Stirnhirns. *Dtsch Arch klin Med 42*, 339–90

Welzer H (2007) *Krieg der Erinnerung. Holocaust, Kollaboration und Widerstand im europäischen Gedächtnis.* Frankfurt/M.: Fischer Taschenbuch Verlag

Wertsch JV (2008) Collective memory. In JH Byrne (Ed), *Learning and memory (Vol. 2)* (pp 927–39). Oxford: Elsevier

Wettstein A (2005) Umgang mit Demenzkranken und Angehörigen. In M Martin, HR Schelling (Hrsg), *Demenz in Schlüsselbegriffen* (S. 101–53). Bern: Huber

Yehuda R et al. (1998) Vulnerability to posttraumatic stress disorder in adult offspring of holocaust survivors. *Am J Psychiatry 155*, 1163–71

Zola-Morgan SM, Squire LR (1990) The primate hippocampal formation: evidence for a time-limited role in memory storage. *Science 250*, 288–90

Zychlinski Y (2006) *Normierung eines neuen Tests zum perzeptuellen Gedächtnis bei älteren hirngesunden Patienten.* Unveröffentl. Diplomarbeit, Univ. Bielefeld

Sachregister

Aachener Aphasie-Test 81
Ablagerung, parallele 76
Abruf mit Hinweisreizen 18, 109
Abruf, freier 18, 81, 109
Abrufblockade 64–66, 91
Abrufen 8, 10, 14, 34, 39 f., 44,
61–64
Abrufreize 12
Affektiver Wörter Test 81
Alkohol(missbrauch) 13, 26, 88, 98
Altersvergesslichkeit 86, 110 f.
Alterungsprozess 110 f.
Altgedächtnis 14, 36, 60, 80, 111
Alzheimer-Krankheit 28, 75, 90
Amnesie
anterograde 13 f., 96, 98
dissoziative 30–32, 91
globale 69, 90
infantile 12, 70 f.
psychogene 91, 94–99
retrograde 13 f.
selektive retrograde 30
transiente globale 93
Amygdala 25, 84 f., 88 f.
Anti-Lokalisationstheorie 56 f., 61
Äquipotenzprinzip 57
Arbeitsgedächtnis 25, 36, 38–40, 81
Arbeitsspeicher 9
Assoziationsbildung 61, 102, 105,
109
Assoziationscortex 48
visueller 62
Assoziationsgebiete 30

Bahnung s. Priming
Basalganglien 58
Beck Depressions Inventar 81
Bewusstsein 7, 11, 17, 29 f., 48,
69–71
autonoetisches 73, 75
Bewusstseinsfähigkeit 7

Bildhaftes Vorstellen 105
Bindungshormon 95, 97
Bindungsprozess 49, 51, 97

Chaining 104 f.
Chronästhesie 36
Chronognosie 36, 45
Chronologie 36, 45
Chronometrie 36, 45
Chronotaraxis 46
Copingstrategien 64
Corsi-Blockspanne 81
Corsi-Zahlenspanne 81
Cortex
anteriorer temporaler 63
cerebraler 58
cingulärer 25, 52
inferolateraler präfrontaler 63
präfrontaler 54, 87
Corticale Degeneration 90

d2-Test 81
Debilität 28
Déjà-vu-Erlebnisse 48
Demenz 12, 26, 28–30, 90, 111
vaskuläre 90
Dendritische Dornen 51 f.
Diskonnektionssyndrom 57
Distorsionen 70
Drogen 41, 47
Dynamische Bildgebung 54

Einspeichern 10, 12, 39 f., 49–51, 62,
84 f., 87, 89, 102 f.
serielles 76
Ekphorie 8, 11 f.
Elefantengedächtnis 21
Emotion 20, 31, 52, 80 f., 85, 88,
99
Encephalitis 54
Endorphine 106

Engramm 7f., 12, 56
Engrammablagerung 8, 58
Enkodierung 8, s.a. Einspeichern
Epilepsie 47, 54
Epileptische Auren 47
Epileptischer Dämmerzustand 98
Erinnerung
    autobiographische 10, 36, 91
    kollektive 33f., 66, 68
    retrograde 13
    biographische 68
Exekutive Funktionen 80f.

Faktengedächtnis 80f., 91, 99
Faktenwissen 80f., 86, 90f.
False-Memory-Syndrom 15–17
Familiaritätsgefühl 61f., 73f.
Farb-Wort-Interferenztest 81
Fasciculus uncinatus 64
Fatale Familiäre Insomnie 36
Feeling-of-knowing-Urteile 78
Fehlerinnern s. False-Memory-
    Syndrom
Fehlerinnerungen 48, 62, 70
Flaschenhalsstruktur 85
Fugue 96f.
functional shift 45
Funktionelle Bildgebung 26, 31, 60,
    63, 85
Funktionelle Hirnbildgebung 99
Funktionelle Kernspintomo-
    graphie 15, 25, 32

Ganglienzellen 58
Gedächtnis
    autobiographisches 23, 30f., 48,
        64, 67, 75, 85, 90
    deklaratives 78f.
    episodisch-autobiographisches 21,
        43, 72f., 74–79, 91
    explizites 69, 71f., 74
    implizites 69–71, 74, 89
    individuelles 34, 66–68
    kollektives 33f., 66–68
    kommunikatives 34, 67
    kulturelles 33
    perzeptuelles 73f.
    primäres 39
    prospektives 22, 77

prozedurales 72–74, 78, 80f., 85f.,
    89, 110
retrogrades 22, 81
sekundäres 39
semantisches 72, 74
Gedächtnisblockaden 64
Gedächtniskonsolidierung 51–56, 86f.
Gedächtnistraining 89f., 100–108
Gedächtnisverfälschung 15
Gehirnjogging 105
Geruchscortex 19
Geruchsgedächtnis 19f.
Gesichter erkennen 18, 31, 58, 81,
    104
Giftstoffe 47
Global Deterioration Scale s.
    Reisberg-Skala
Glukose-PET s. funktionelle Hirnbild-
    gebung

Habit – Memory 77–79
Hamburg-Wechsler-Intelligenztest 81
Hemisphärenspezifität 60
Herzinfarkt 90
Hippocampus 25, 45, 50, 52f., 62,
    84–88, 90
Hirnaktivierung 31
Hirnkarten 56, 58
Hirnleistungstraining 107
Hirnreifung 77
Hirnstoffwechsel 65f.
Holocaust 34f.
Hologramm 54, 56, 58, 91
Hypnose 42
Hypothalamus 53
Hysterien 64

Ichbewusstsein 40
Idiotie 28
Imbezillität 28
Informationsspeicher 21
Informationsverarbeitung 8, 38, 40f.,
    57, 49, 72, 85, 88
Innere Uhr 35, 43f.
Intellekt 57, 75, 82, 101
Intelligenz 75, 80–82, 88, 101
Intelligenzquotient 82, 100

Jamais-vu-Effekt 48

Kenntnissystem 74, 76
Kernselbst 23, 27
Kernspintomographie 15, 63, 66, 90
Kleinhirncortex 45, 54
Kognitive Flexibilität 25, 80 f.
Konfabulieren 88
Konsolidierungskopien 54
Konsolidierungsprozess 8, 35,
  50–54, *s. a.* Gedächtnis-
  konsolidierung
Kopfuhr 45
Körperrhythmik 35
Korsakowsyndrom 13, 88
Kurzzeitgedächtnis 25, 36–41, 51,
  75, 80 f., 86

Lähmungen 94
Landmarken 34, 67 f.
Langzeitgedächtnis 36–41, 58, 80 f.
Langzeitgedächtnissysteme 72 f.
Läsionsmethode 83
Lebensrhythmus 44
Lernen 25, 74, 101–104
Lesen 63, 81, 91
Limbisches System 20, 25, 52 f. 58,
  85, 88, 90
Lissencephale 75
Loci-Methode 104
Lokalisationstheorie 56
LSD 41

Makaken 33
Massenaktionsprinzip 57
Mentale Zeitreise 45, 75, 78
Merkspanne 37
Meskalin 41, 47
Metagedächtnis 22, 77–79
Mexikanische Pilze 47
Missbrauch 96
Mnestische Blockade 31
Mnestisches Blockadesyndrom 64,
  95
Mondzyklus 43
Mononucleosis 96
Mosaikvorstellung 56

Nahtoderlebnisse 42, 47
Namensgedächtnis 81, 89, 100, 111
Natriumamytal 54

Nervenzellaktivität 32
Neueinspeicherung 15
Neugedächtnisbildung 14, 81, 88 f.,
  111
Neuroenhancer 107
Neuronale Hemmung 11
Neuronale Netze 7, 14, 51, 85, 90 f.
Neuronenaktivierung 49

Oligophrenie 28, 75
Orang-Utan 21
Oszillierungsprozesse 49
Oxytocin 97

Papez'scher Schaltkreis 84 f.
Parahippocampus 62
Periodika 35
Pheromone *s.* Sexuallockstoffe
Phonetische Substitutionen 105
Phonologische Schleife 39
Pol, frontaler 27
Positronenemissionstomographie
  (PET) 32, 63, 65, 90
Posttraumatische Belastungs-
  störungen 35, 66
Präcuneus 62
Prägung *s.* Priming
Primaten 45, 52, 77
Priming 72–74, 78, 80 f., 85, 89
PQRST-Technik 105
Protoselbst 27

Quellengedächtnis 22, 77

Ratten 45
Rechnen 63, 91, 101
Reduplikation 48
Re-Enkodierung 8, 14–17, 111
Regression 12
Reisberg-Skala 28 f.
Rekonsolidierung 15
REM-Schlaf 44, 86
Repression 34
Retina 58
Rey-Osterrieth-Figur 55, 81
Rhesusaffen 21, 28
Ribot'sches Gesetz 11–15, 92, 111
Rivermead Alltagsgedächtnistest
  81

Savants 100
Schädelhirnverletzung 26
Schizophrenie 48
Schläfenlappen 25, 52, 62 f., 85 f., 91, 93
Schlaf 35 f., 43, 45, 50, 86, 93, 102
Schlafzyklus 43 f.
Schlaganfall 89
Schlüsselworttechnik 104 f.
Schmerzempfindung 27
Schreiben 63, 81, 91
Schwachsinn 28
Sehstörungen 94
Sekundengedächtnis 37
Selbst, autobiographisches 27 f.
Selbstbild 25, 31
Selbstkonzept 17
Sexuallockstoffe 20
SPI-Modell 76
Sprache 22 f., 26, 34, 66, 74–76, 80
Sprachentwicklung 22 f., 109
Sprachkodierungsfähigkeit 77
Sprachvermögen 21, 91
Sprechenlernen 109
Stirnhirn 25–27, 31, 38, 62 f., 85, 87
Stirnhirnschäden 26 f., 48, 91
Stoffwechselveränderung 32
Stoffwechselverminderung 65
Stress 14, 16, 35, 61, 64 f., 93–95
Stresshormone 65, 86
Synapsen 51
Systemimmanentes Rauschen 53

Taubheit 94
Täuschen 75
Temporallappenepilepsie 54
TGA s. Amnesie, transiente globale
Thalamus 25, 53, 84
Theory of Mind 22–32, 75
Tiefschlaf 44, 86
Trail-Making-Test 81
Transformationsprozesse 32
Transkodierverfahren 81
Traum 42 f., 86, 89, 91
Trauma 14, 64, 66, 91, 95
Triggerregion 64

Tübinger Affektbatterie 81
Turm von Hanoi 81
Turm von London 81

Urbach-Wiethe-Patient 85, 88

Vasokonstriktion 93
Vasopressin 97
Verbaler Lern- und Merkfähigkeits-
    test 81
Verdrängen 67
Verfälschungen 15
Vergessen 9 f., 38, 54, 67, 69, 110
Vergessenskurve 12
Vergesslichkeit 29, s.a. Altersvergess-
    lichkeit
Visuell-räumlicher Notizblock 39
Vomeronasales Organ 19

Wahrnehmung, subliminale 70
Wechsler Memory Scale-revised
    81 f.
Werkzeuggebrauch 21, 75
Wisconsin Card Sorting Test 81
Wissensgedächtnis 21 f.
Wissenssystem 44, 73 f., 77–79, 91
Wissenstradierung 21
Wortlisten 36, 62, 75
Wortschatz 77, 109

Zeit 22, 28, 35–43, 45, 48
    objektive 40
    subjektive 36, 40, 42 f., 73, 75
Zeitabschätzungen 38
Zeitbewusstsein 45 f., 48
Zeitdehnungsphänomen 42, 46 f.
Zeitfenster 109
Zeitgitterstörungen 46
Zeitlupenphänomen 46
Zeitmarken 34
Zeitperioden 43
Zeitrafferphänomen 42, 46
Zeitwahrnehmung 36, 40–42, 46
Zentrale Exekutive 38 f.
Zungenphänomen 64
Zwischenhirn 45, 48, 53, 88 f.